奋楫笃行，臻于至善

——广州公交服务再提升探索与实践

广州市公共交通集团有限公司　著

人民交通出版社

北京

内 容 提 要

本书系统梳理了广州市公共交通集团有限公司组建成立以来，尤其是"十四五"期间的公交服务提升工作情况，以期总结经验、借鉴传承，为新的征程再扬帆起航，持续推动广州公交服务再提升。

本书可供国内公共交通企业管理者参考借鉴。

图书在版编目（CIP）数据

奋楫笃行，臻于至善：广州公交服务再提升探索与实践 / 广州市公共交通集团有限公司著. — 北京：人民交通出版社股份有限公司，2024.12. — ISBN 978-7-114-19786-4

Ⅰ．U491.1

中国国家版本馆 CIP 数据核字第 20242SF076 号

Fenji-duxing, Zhenyuzhishan——Guangzhou Gongjiao Fuwu Zaitisheng Tansuo yu Shijian

书　　　名：	奋楫笃行，臻于至善——广州公交服务再提升探索与实践
著 作 者：	广州市公共交通集团有限公司
责任编辑：	张维青　朱明周
责任校对：	卢　弦
责任印制：	刘高彤
出版发行：	人民交通出版社
地　　　址：	（100011）北京市朝阳区安定门外外馆斜街 3 号
网　　　址：	http://www.ccpcl.com.cn
销售电话：	（010）85285857
总 经 销：	人民交通出版社发行部
经　　销：	各地新华书店
印　　刷：	北京印匠彩色印刷有限公司
开　　本：	787×1092　1/16
印　　张：	13.75
字　　数：	180 千
版　　次：	2024 年 12 月　第 1 版
印　　次：	2024 年 12 月　第 1 次印刷
书　　号：	ISBN 978-7-114-19786-4
定　　价：	80.00 元

（有印刷、装订质量问题的图书，由本社负责调换）

编委会

主　　任：李小军
副 主 任：谢伟秀　张海燕　李超恒
委　　员：李慧玲　任思尧　黄科贤　郑敏珊　黄加多
　　　　　董志国　姚冬生

编写组

主　　编：丘少华
副 主 编：钟兴兴　毛代国　常振廷　陈　盼
　　　　　邱维阅　宋红艳　孙　颖
编写人员：
　　第一章 ………………… 丘少华
　　第二章 ………………… 丘少华
　　第三章 ………………… 孙　颖,关碧珊
　　第四章 ………………… 陈　盼,梁霭媚
　　第五章 ………………… 邱维阅,刘嘉丽
　　第六章 ………………… 林宇茵,邱维阅
　　第七章 ………………… 邱维阅,刘嘉丽
　　第八章 ………………… 丘少华
　　第九章 ………………… 邱维阅,刘嘉丽
　　第十章 ………………… 丘少华

第十一章
  第一节、第二节 …… 宋红艳,李初茂
  第三节 …………… 宋红艳,张 科
第十二章 …………… 宋红艳,李初茂
第十三章 …………… 宋红艳,苏适之
第十四章 …………… 梁秉毅
第十五章 …………… 戴熙舜,常振廷
第十六章
  第一节、第二节 …… 戴熙舜,常振廷
  第三节 …………… 罗家杰
  第四节~第八节 …… 戴熙舜,常振廷
第十七章 …………… 吴靖宇,丘少华
第十八章 …………… 罗家杰,丘少华
第十九章 …………… 罗家杰,丘少华
第二十章 …………… 吴靖宇,丘少华
第二十一章 ………… 邓 军,颜映果,刘劲强,丘少华
第二十二章 ………… 吴靖宇
第二十三章 ………… 邱维阅,刘嘉丽
第二十四章 ………… 丘少华
第二十五章 ………… 丘少华
第二十六章
  第一节 …………… 张子健
  第二节 …………… 赵 莹
  第三节 …………… 付泽民
第二十七章
  第一节 …………… 黄明亮
  第二节 …………… 赖冬韵
第二十八章 ………… 丘少华

PREFACE | 前言 |

时间回到2017年,这年5月,广州市公共交通集团有限公司(简称"广州公交集团")组建筹备组成立;7月,组建筹备组各部室成立并运作;12月30日,囊括12家企事业单位、总资产达153亿元的广州公交集团揭牌,开启了整合改革、提质增效的新纪年,广州公交集团昂首迈进发展新时代。时光荏苒,白驹过隙。转眼,时间来到2024年,广州公交集团已走过了七个春夏秋冬。

七年多来,广州公交集团在广州市委、市政府的亲切关怀下,在广州市人民政府国有资产监督管理委员会、广州市交通运输局等管理部门的正确指导下,在集团历届班子的坚强领导下,广大干部职工团结一致、踔厉奋发,持续推动公交主责主业改革发展,努力促进广州公交服务再提升,尤其是印发实施《广州市公共交通集团有限公司"十四五"期间公交服务提升行动计划(2021—2025)》以来,做了大量的探索实践,取得了许多值得骄傲的成绩,积累了许多可复制、可推广的宝贵经验。

2023年,为强化集团总部"战略驱动、文化统筹"中枢作用,打造价值创造型总部,赋能企业高质量发展,广州公交集团启动总部组织架构优化改革工作,全新的组织架构于2024年1月1日正式运作。借此之际,组织集团各有关部室和单位,系统梳理了广州公交集团组建成立以来尤其是"十四五"期间的公交服务提升工作情况,以期总结经验、借鉴传承,在全新的集团总部组织架构强有力的支撑下,为新的征程再扬帆起航,持续推动广州公交服务再提升。

勤劳奋进的广州公交人为公交事业的发展做了大量的工作,由于编者水平、时间有限,未能一一记录,错误或遗漏在所难免,恳请广大读者批评指正。

编　者
2023 年 12 月

CONTENTS |目录|

第一篇 概 述

第一章 关于国内公交 3
 第一节 发展现状 3
 第二节 挑战和机遇 4
 第三节 发展趋势 5

第二章 关于广州公交 6
 第一节 发展概况 6
 第二节 提升公交服务的必要性和迫切性 7
 第三节 广州公交服务再提升概述 8

第二篇 巩固提升基础服务质量

第三章 打造优秀的管理团队 13
 第一节 提升综合能力素质 13
 第二节 提升为民服务水平 15

第四章 建设高素质产业工人队伍 17
 第一节 助力素质提升 17

第二节　开展技能比武 ·· 18
第三节　选树先进模范 ·· 19
第四节　精准关心帮扶 ·· 20
第五节　打造幸福阵地 ·· 22

第五章　推动车辆硬件服务规范化 ······································ 25
第一节　建立健全标准与流程 ·· 25
第二节　统一车身涂装样式 ·· 25
第三节　统一车辆服务设施和标志标识 ·································· 26

第六章　推进首末站管理标准化 ·· 27
第一节　编制建设管理标准化手册 ······································ 27
第二节　推进站场升级改造 ·· 29
第三节　打造特色公交站点 ·· 30

第七章　推动线路服务品牌化 ·· 32
第一节　打造品牌线路 ·· 32
第二节　开展优秀品牌线路评比活动 ···································· 33

第八章　提高以人为本的运营服务水平 ·································· 36
第一节　全力优化调整公交线网 ·· 36
第二节　大力促进公交提速 ·· 41
第三节　着力打造准点、可预期公交 ···································· 41

第九章　建立健全服务体系 ·· 45
第一节　确立服务目标、理念、宗旨和核心价值观 ······················· 45
第二节　设计服务形象视觉体系 ·· 46
第三节　持续宣贯公交服务体系 ·· 47

第十章　构建服务评价指标体系 ·· 48
第一节　工作启动 ·· 48
第二节　工作深化应用 ·· 56

第三篇　夯实平安公交管理基础

第十一章　建立健全安全生产双重预防机制 ……………………… 63
第一节　构建事前事中事后全方位安全防控体系 ……………… 63
第二节　精准提升驾驶行为和技术，落实事故防范措施 ……… 64
第三节　强化公交站场安全隐患综合治理 ……………………… 65

第十二章　探索完善驾驶员身心健康管理机制 …………………… 70
第一节　先行先试，引入驾驶员身心健康专业医疗服务 ……… 70
第二节　自主创新，研发驾驶员身心健康管理信息化系统 …… 71
第三节　精细管理，优化完善驾驶员身心健康管理机制 ……… 72
第四节　家企联动，落细落实驾驶员关爱工作显成效 ………… 73

第十三章　创新开展专职专业专人安全生产督导检查 …………… 75
第一节　成立专职安全生产督导检查队，压实安全防范"最后一公里"责任 …………………………………………………… 75
第二节　自主建设"安全检查助手"小程序，构建风险管控"一张网" …… 76

第十四章　提升公交应急响应能力 ………………………………… 78
第一节　公交应急响应概况 ……………………………………… 78
第二节　制定应急响应预案 ……………………………………… 78
第三节　加强风险监测预警 ……………………………………… 79
第四节　构筑全链条应急响应系统 ……………………………… 80
第五节　强化公交地铁应急接驳 ………………………………… 81

第四篇　数字化赋能公交服务

第十五章　数字化转型目标 ………………………………………… 85
第一节　数字化转型顶层设计 …………………………………… 85

第二节 数字化转型目标 86
第三节 数字化转型新型能力构建 87

第十六章 数字化转型探索与实践成果 91

第一节 提升运营管理水平——公交智能监控调度系统 91
第二节 提升运营自动化水平——公交自动排(发)班系统 94
第三节 提升运营智能分析水平——公交经营分析系统 96
第四节 提升出行服务品质——公交社区 100
第五节 提升安全管理水平——公交可视化安全管理平台 102
第六节 提升业财融合管理水平——财务预算控制系统 108
第七节 提升数据资源管理水平——数据中台 109
第八节 提升一线数字化应用水平——智慧站务房管理平台 113

第五篇 创新发展多元公交

第十七章 丰富"如约巴士"服务内涵 117
第一节 推出"如约助学"专线 117
第二节 聚焦"七个服务" 119

第十八章 推出"便民服务车"服务 124
第一节 试点"扬手即停" 124
第二节 拓展"响应式便民公交" 125

第十九章 探索实践动态巴士 129
第一节 大学城"拼BUS" 129
第二节 南沙"随需而至" 130

第二十章 深化"公交+"新业态 133
第一节 自动驾驶 133
第二节 "巴士畅捷" 140

第三节　"粤陶巴" ……………………………………………… 143

　　第四节　公交文创 ……………………………………………… 148

第六篇　勇担社会责任

第二十一章　全面完成公交电动化 ………………………………… 155

　　第一节　工作背景 ……………………………………………… 155

　　第二节　工作成果 ……………………………………………… 156

　　第三节　工作举措及成效 ……………………………………… 156

　　第四节　工作展望 ……………………………………………… 161

第二十二章　探索氢能源公交 ……………………………………… 162

　　第一节　项目背景 ……………………………………………… 162

　　第二节　项目研究应用情况 …………………………………… 163

　　第三节　未来发展前景 ………………………………………… 164

第二十三章　助力打赢疫情阻击战 ………………………………… 166

　　第一节　从严从实从细抓好防控工作 ………………………… 166

　　第二节　发挥交通主业优势，展现国企担当 ………………… 169

第二十四章　助推粤港澳大湾区建设 ……………………………… 173

　　第一节　工作背景 ……………………………………………… 173

　　第二节　助力将南沙打造成为粤港澳大湾区门户枢纽 ……… 174

　　第三节　构建以广州为中心的粤港澳大湾区城际公共

　　　　　　交通线网 ……………………………………………… 176

　　第四节　促成粤港澳大湾区公共交通互联互通战略合作 …… 177

第二十五章　助力"乡村振兴" ……………………………………… 181

　　第一节　农村客运班线公交化改造 …………………………… 181

　　第二节　农村客运小型化预约 ………………………………… 182

第三节　农村公交客货邮融合服务 …………………………………… 184

第七篇　讲好公交故事

第二十六章　**讲好公交故事** …………………………………………… 189
　　第一节　高效媒体联动，提升社会影响力和美誉度 …………… 189
　　第二节　建设企业宣传矩阵，传播公交好声音 ………………… 191
　　第三节　打造公交跨界联动，提升品牌形象 …………………… 193

第二十七章　**传承发扬公交文化** ……………………………………… 195
　　第一节　友爱文化，满载温情传递文明 ………………………… 195
　　第二节　穗悦同行，奏响公交文化新乐章 ……………………… 197

第八篇　写在后面

第二十八章　**总结与展望** ……………………………………………… 203

第一篇

概　述

第一章　关于国内公交

第一节　发展现状

我国高度重视城市公交发展。2012年12月，国务院发布《国务院关于城市优先发展公共交通的指导意见》，在国家层面进一步确立了城市公共交通优先发展战略；同年，交通运输部正式启动国家"公交都市"创建工作，深入推动绿色出行发展，截至2023年，共有七批次104个城市被评为"国家公交都市建设示范城市"。

通过实施公交优先发展战略和公交都市建设，我国城市公交取得了显著的发展成就：一是供给能力实现跨越式发展，过去10余年，车辆、线路、线网和运营里程等方面的投入持续加大，有效供给能力不断增强；二是服务能力得到极大提升，软硬件服务水平不断提高，较好地满足了市民群众的出行需求，并在一定程度上缓解了城市交通拥堵；三是网络结构日趋完善、模式更加多元化，我国大多城市均构建了"快—干—支—微"的多层次线网体系，实现了从常规公交运营模式向多元公交运营模式发展的新转变，丰富了市民群众出行选择，改善了出行体验；四是车辆装备更加节能环保、乘坐更加舒适，我国新能源公交车已占城市公交车总量的绝大部分，尤其是近年来实施公交电动化，纯电车辆更节能、环保和舒适；五是运营管理更智能、高效，各大城市已基本实现智能调度、电子支付，大大提升了运营效率和运营水平,公交信息服务能力更全面、及时和精准。

与此同时,伴随着轨道交通的不断完善及网约车、共享单车和电动自行车等新型交通方式的诞生与快速发展,市民出行方式可选择范围大大增加,对方便、快捷和舒适等方面的要求也不断提高,加上近年来居民生活和出行习惯发生了较大的变化,而城市公交竞争力下降,未能较好地匹配市民的出行需求,近年来客流量持续大幅下降,面临生存与发展的严峻考验。

第二节　挑战和机遇

在出行方式多样化、出行需求品质化的时代,城市公交的发展面临几大方面的挑战:一是人民群众生活和出行习惯的改变,给城市公交的运营管理带来困难和压力;二是私家车、网约车、共享单车和电动自行车等的快速发展,给城市公交的市场份额带来挑战和威胁;三是人民群众对出行服务要求日益提高,给城市公交的服务水平带来新的考验。

然而,城市公共交通是与人民群众生产生活息息相关的重要民生工程,是城市经济发展的命脉,国家坚定不移贯彻落实公交优先发展战略,新形势下公交发展同样面临机遇:一是2023年10月,交通运输部、国家发展和改革委员会、公安部、财政部、人力资源和社会保障部、自然资源部、国家金融监督管理总局、中国证券监督管理委员会、中华全国总工会联合印发《关于推进城市公共交通健康可持续发展的若干意见》,为城市公交健康可持续发展提供了强大的政策支持;二是社会对低碳、绿色出行高度重视和认同,国家提出"碳达峰、碳中和",为城市公交提供了良好的舆论氛围和市场需求;三是自动驾驶等新技术和互联网定制等新模式的涌现和革新,为城市公交创新发展和服务提升提供了强大的智力支撑。

第三节 发展趋势

新时期下,城市公交呈现以下发展趋势:一是市场规模将有所恢复,新型冠状病毒感染"乙类乙管"防控措施实施以来,城市居民出行、城市活动恢复正常,城市公交作为城市公共交通的重要组成部分,将继续发挥其经济、环保的优势,满足人民群众出行最基本的需求,但由于人民群众出行及生活习惯的改变,公交市场规模难以恢复至疫情前水平;二是车型结构将进一步优化和升级,随着新能源汽车技术的不断创新和成熟,纯电动汽车成为城市公交的主流选择,氢能源汽车等其他新能源汽车也将有所发展,公交车型将越来越舒适、环保;三是市场服务将更加智能化和人性化,随着信息技术、大数据、云计算、人工智能等技术的广泛应用,城市公交将逐步实现自动排班调度和自动驾驶等功能,不断提高运营效率和安全性,同时将更注重提升乘客的便捷度和舒适度,增强自身核心竞争力。

第二章　关于广州公交

第一节　发展概况

截至 2023 年底,广州市共有城市公交运营企业 28 家,公交线路 1325 条,公交车辆 14491 辆,公交站点 1.4 万个,在岗驾驶员约 2.7 万人,日均客运量 292 万人次。其中,中心城区共有公交运营企业 10 家(占全市的 35.7%),公交线路 827 条(占全市的 62.4%),公交车辆 10521 辆(占全市的 72.6%),公交站点 7116 个(占全市的 51%),在岗驾驶员约 2.1 万人(约占全市的 77.8%),日均客运量 266 万人次(占全市的 91%)。

自 2015 年起至 2019 年,广州公交线网规模呈逐年上升的态势,2015—2019 年运营车数分别为 14186 标台、14309 标台、14715 标台、15216 标台和 15376 标台,运营线路条数分别为 1177 条、1211 条、1225 条、1251 条和 1285 条,运营线路长度分别为 20067 公里、21725 公里、22245 公里、22652 公里和 22652 公里,但客流规模呈逐年下滑态势,2015—2019 年日均客运量分别为 698 万人次、664 万人次、630 万人次、628 万人次和 612 万人次。2020 年新型冠状病毒感染疫情(简称"疫情")发生以来变化更为明显,在线网规模有所优化压减的情况下(2020—2022 年运营车数分别为 19033 标台、18933 标台和 18372 标台,运营线路条数分别为 1345 条、1380 条和 1351 条,运营线路长度分别为 24439 公里、24845 公里和 24343 公里),日均客运量锐减（2020—2022 年日均客运量分别为 373 万人次、370 万人次和 280 万人次，对比疫情前的 2019 年降幅分别达 39.1%、39.5% 和 54.3%），客运量的下降较线网收缩更为明显。

第二节　提升公交服务的必要性和迫切性

一、行业发展的严峻形势要求提升公交服务

近年来，公交行业客流大幅下降，企业入不敷出，负债率居高不下，面临健康可持续发展的严峻考验。城市公交在乘客挤不上车的"辉煌"年代，曾拥有机动、灵活、快速和不可替代的核心竞争力。然而，随着城市用地资源紧张、道路交通拥堵加剧，公交运营环境恶化，与轨道交通、个体交通等其他出行方式相比，原有的核心竞争力已不再突出，严峻的发展形势要求广州公交必须提高运营效率，提升服务水平，创造新的核心竞争力。

二、人民群众日益增长的美好出行需求要求提升公交服务

新时期，人民群众的出行需求已从"走得了"向"走得好"和"走得快"转变。习近平总书记提出"以人民为中心的发展思想"，广州公交集团"十四五"发展战略规划提出深入践行"服务湾区美好出行、链接市民幸福生活"的企业使命。在新发展格局下，广州公交需以推动公交服务高质量发展为抓手，以不断满足人民群众日益增长的美好出行需求为根本目标，不断提高公交服务标准化、智能化、数字化水平，丰富公交服务内涵和外延，强化公交服务品牌影响力，加快构建高质量、现代化的广州公交服务体系，全面提升人民群众的获得感、幸福感和安全感及企业员工的荣誉感、自豪感和幸福感。

三、巩固公交都市建设成果、建设交通强国要求提升公交服务

2018年,广州获评"国家公交都市建设示范城市"。此后,广州市提出,按照"方向不变、力度不减、标准不降"的原则继续实施公交优先发展战略。2019年,中共中央、国务院印发《交通强国建设纲要》,提出坚持以供给侧结构性改革为主线,坚持以人民为中心的发展思想,牢牢把握交通"先行官"定位,适度超前,进一步解放思想、开拓进取,推动交通发展由追求速度规模向更加注重质量效益转变,由各种交通方式相对独立发展向更加注重一体化融合发展转变,由依靠传统要素驱动向更加注重创新驱动转变,构建安全、便捷、高效、绿色、经济的现代化综合交通体系,打造一流设施、一流技术、一流管理、一流服务,建成人民满意、保障有力、世界前列的交通强国,为全面建成社会主义现代化强国、实现中华民族伟大复兴的中国梦提供坚强支撑。因此,广州公交须以满足市民出行需求为出发点和落脚点,巩固公交都市创建成果,持续提升公交服务品质,不断满足人民群众日益增长的美好生活对公交的需求,助力加快建设交通强国。

第三节　广州公交服务再提升概述

2017年12月,广州公交集团正式组建成立。自成立以来,集团始终牢记组建的初心使命,充分发挥合力优势,力促广州公交服务再提升。特别是"十四五"以来,考虑到"十四五"是我国开启全面建设社会主义现代化国家新征程的第一个五年,是广东省奋力在全面建设社会主义现代化国家新征程中走在全国前列、创造新的辉煌的第一个五年,也是广州实现老城市新活力、"四个出新出彩"、加快建设国际大都市的关键期,广州公交集团在企业"十四五"发展战略中明确提出"成为国际领先、国内一流的城乡绿色交通综合服务商"的宏伟蓝图。对此,为进一步明确集团"十四五"期间

的公交服务发展目标、方向和重点工作任务,推动落实习近平总书记提出的"人享其行、物享其流"交通发展新要求,广州公交集团印发实施《广州市公共交通集团有限公司"十四五"期间公交服务提升行动计划(2021—2025)》,开启了推动广州公交服务再提升、打造走在全国前列的广州公交服务的新征程。

"十四五"以来,广州公交服务不断提升,公交线网不断提质增效,服务范围不断扩大,市民服务满意度稳中有升。截至2023年底,广州公交集团共在广州地区运营公交线路1015条、公交车辆12801辆,其中中心六区运营公交线路759条、公交车辆8543辆,外围五区运营公交线路256条、公交车辆4258辆,公交线网持续向公交薄弱区域、新兴发展区域和广州毗邻地市周边区域延伸,开通运营的粤港澳大湾区互联互通的跨市公交线路达45条,2017—2022年的常规公交服务满意度分别为80.7%、84.2%、84.0%、85.1%、85.6%和85.9%。

第二篇

巩固提升基础服务质量

第三章 打造优秀的管理团队

围绕集团"十四五"发展战略和"十四五"公交服务提升行动计划,广州公交集团充分发挥党校和培训中心教育培训平台的作用,以提高政治能力为关键,以增强履职本领、提升服务水平为重点,形成一体规划、分级管理、分类培训、共同提升的人才培养体系,实现面上布局、点上突破,着力培养政治过硬、业务精通的高素质专业化管理团队,为广州公交高质量发展提供强有力的人才支撑。

第一节 提升综合能力素质

一、抓好领导干部理想信念教育

广州公交集团探索实践联合办学机制,深化与中共延安市委党校、井冈山市委党校、福建古田干部学院、东江干部学院和广东南岭干部学院等共建合作,充分利用红色教育资源,组织各级领导干部和业务骨干前往延安、井冈山和龙岩等红色教育基地开展党性教育锤炼,强化理想信念教育和党性党规党纪教育,全面提高党员干部德才素质。同时,加强领导干部思想淬炼,以学习贯彻习近平新时代中国特色社会主义思想和党的二十大精神为主题主线,举办线上培训班和线下轮训班,实现在职党员全覆盖培训,切实提高领导干部的政治判断力、政治领悟力和政治执行力。

二、抓好中层人员履职能力提升

国有企业中高层管理人员是企业战略的谋划者,是带领团队攻坚克难的中坚力量,对企业发展起到重要推动作用。广州公交集团立足人才培养需求,精心设置中层管理"1+N"专题培训,探索"党校+高校"合作机制,与北京大学、中山大学等高校开展合作,充分发挥高校在师资、课程内容等方面的优势,邀请行业专家学者围绕国企战略管理、数字化转型、智慧交通等专题进行讲授,进一步提升中高层管理人员的战略管理思维,引导其开拓工作思路方法。同时,大力推行"理论导入+现场观摩+研讨交流+实践运用"的培训模式,聚焦城市公交等主责主业,设置研讨课题,组织交流研讨并形成小组课题成果,不断提升教育培训成果转化率,实现教学相长、学学相长。

三、抓好一般管理人员专业能力提升

广州公交集团着眼于破解业务工作中的重点难点问题,针对性开展专业化能力培训,开设资本运作、风险控制、采购管理、信访工作、办公软件应用、内资出版物和财金专题等专业技能培训班,同时根据参训学员的岗位实际和培训需求,针对性地组织新闻发言人、公交服务岗位、新入职员工、基层车队长、党务工作者和发展对象等综合素质提升培训班,切实提升各级管理人员推动高质量发展的专业素养,增强适应新时代、实现新目标、落实新部署的能力,不断健全履职的基本知识体系,不断改善知识结构和提升综合素养,为集团培养复合型人才、推动企业服务水平提升奠定基础。

第二节　提升为民服务水平

一、增强从业人员安全意识

广州公交集团打造安全培训"精品课程",着力提升各级从业人员安全素养和安全技能,构筑起安全生产"第一道防线",提升服务质量。一是落实年度安全继续教育培训,每年组织企业负责人、消防安全责任人、安全管理人员、班组长等重点管理岗位人员开展培训,进一步提升各级管理人员防风险、除隐患、保安全的能力和水平,切实以最严格标准、最扎实举措抓好安全生产。二是大力推进驾驶员安全教育培训,每年组织开展营运驾驶员安全教育培训、岗前培训和"三防"应急培训等,教育引导广大驾驶员树牢安全发展理念、强化底线思维和红线意识,不断提高安全生产工作能力。三是打造粤港澳大湾区安全培训教育品牌,深入贯彻落实国务院《广州南沙深化面向世界的粤港澳全面合作总体方案》工作部署,深化粤港澳大湾区公共交通行业人才交流,组织金牌讲师开展安全管理培训,输出广州公交安全培训教育标准。

二、加强职业技能等级认定

职业技能认定是人才培养的重要工作,对提升员工职业素养、提升企业服务水平和行业竞争力具有重要作用。广州公交集团联合广州市公用事业技师学院、广东省城市公共交通协会共同成立粤港澳大湾区首家公共交通职业教育集团,截至2023年已有72家成员单位,并在南沙设立了技能培训实训基地,构建了企业、协会、院校等多方联合培养模式,为粤港澳大湾区经济社会发展、公共交通产业可持续发展提供人才支撑与智力支持。职业教育集团积极发挥企业用人主体作用,成功获得汽车机械维修工等11个工种的企业职业技能认定资质,成为广州市第一批获批开展自主认定的企业之一,其中汽车电器维修工等7个工种获得开展职业技能等级社会评价资质;截至2023年累计开展了7期汽车维修工高级工职业技能培训及等级认定,统筹推进公交维修技术工人岗位评级工作,并向社会输出职业技能提升评价服务,与广州市海珠区人社局签署合作协议,获评海珠区"2021年交通装备产业领域培训示范基地"。此外,不断深化校企合作,创新提出"现场即考场,工作即考试"的公交车驾驶员技能等级认定考核模式,开展公交车驾驶员中级工职业技能培训项目;大力推广企业新型学徒制培训,开办汽车维修工技师培训班,加快培育一支技艺精湛、素质优良、规模宏大、结构合理的高技能人才队伍。

第四章　建设高素质产业工人队伍

第一节　助力素质提升

为健全技能人才培养、使用、评价、激励制度,广州公交集团印发实施《健全技能人才薪酬激励机制具体实施意见》,推动技能人才薪酬激励机制落地生效,建立多层级技能人才职业发展通道。

一、畅通技能人才职业发展通道

指导和支持各单位完善内部薪酬分配机制和激励机制。同时,结合主要工种分布情况,围绕公交驾驶员核心群体,指导属下广州巴士集团有限公司(简称"巴士集团")创新开展公交驾驶员技能人才薪酬改革机制,对原有驾驶员星级评定办法及配套评价机制进行升级优化,进一步完善与技能等级、实际工作能力、劳动贡献、工作出勤率等维度挂钩的技能人才薪酬体系。

二、实施职业技能、学历"双提升"工程

建立对一线技能职工提高学历水平的奖励机制,支持职工参加学历教育学习,鼓励职工提高学历水平,进一步优化技能人才队伍学历结构,提高技能人才综合素质。一线职工报读大学专科及本科学历并获得学籍的,均

给予一次性奖励。同时,对获得道路客运汽车驾驶员中级工证书的职工,也给予补助,加快建设知识型、技能型、创新型劳动者大军。

三、开展职业综合素质培训

认真贯彻落实全国总工会关于《全国职工素质建设工程五年规划(2021—2025年)》的总体部署,实现员工培训与行业需求、岗位要求、职业标准和生产过程需求相结合,并邀请广州市工会法律服务律师团队、广州市交警支队及广州市职业病防治院等专家量身定制权益保护、心理健康、安全生产、生活常识、文化修养等素质提升课程,鼓励职工积极参与培训,扎实推进员工素质建设工程。

第二节 开展技能比武

广州公交集团以提升职业素质和职业技能为核心,聚焦集团重大项目、重点业务板块,广泛深入持久开展各种形式的劳动和技能竞赛,深入开展"五小"等群众性创新活动,激励职工不断提升技能水平。

一、举办技能竞赛,展现精英风采

主动加强与广东省总工会技术协作中心、广东省城市公共交通协会、广州市总工会的沟通联系,协办或参加广东省公交行业安全驾驶、广东省城市公共交通行业新能源公交车机电维修工等职业技能竞赛。通过向广州市总工会立项申报并获批纳入"羊城工匠杯"系列主题竞赛,先后承办新能源公交车机电维修、公交行业女驾驶员等广州市市级职业技能竞赛。截至2023年,广州公交集团共有109名职工获得106项省级个人荣誉,117名职工获得由广州市总工会颁发的"羊城工匠杯"荣誉证书。其中,8名参赛者获得技能竞赛的第一名并按程序申报广东省五一劳动奖章,18名参赛者获得"广东省技术能手"称号,33名参赛者获得"广东省交通技术能手"称号,34名职工获得"羊城工匠杯"金奖,1名职工获得"广州市三八红旗手"称号。

二、开展技术攻关,培养创新思维

动员和组织广大职工立足岗位学习新工艺、推广新技术、创造新成果,激发职工创新创优的热情。自广州公交集团成立至2023年,共征集技术创新成果623件,其中国家级23件、省部级39件、市级45件。

第三节　选树先进模范

广州公交集团高度重视劳动模范的培养、选树,以及劳模精神、劳动精神、工匠精神的塑造和弘扬。鼓励各级劳模、工匠和先进职工代表大力践行奋斗精神、实干精神、先行精神,通过劳模的榜样力量,不断加强思想引领,凝聚职工队伍,助力企业改革创新发展。

一、培育先进典型,提升职工荣誉感

注重正向激励,在各级劳模、五一劳动奖评优评先中加大对一线职工的推荐评选力度。自广州公交集团成立至2023年,共推选国家级、省部级和市级劳模(含五一劳动奖)等先进个人12名、先进集体2个。其中,1名员工获评全国劳动模范,1名员工获评为交通运输部劳动模范,1名员工获评为广东省劳动模范,8名员工获广东省五一劳动奖章,1个班组获广东省五一劳动奖状,1名员工获评为广州市劳动模范,1个集体获得"广州市先进集体"称号。截至2023年12月,广州公交集团共有在职全国劳动模范2人、全国交通系统劳动模范3人、广东省劳动模范4人、广东省五一劳动奖章获得者11人、广州市劳动模范6人。

二、建立长效机制,激发创造热情

一是创建集团级别劳模和工匠人才创新工作室,开展技术结盟、技术交流、技术攻关、技术培训等活动,为技术工人成长成才、创新创效搭建平台。

二是印发《获得集团外荣誉表彰奖励管理办法》,对在企业改革创新发展过程中提升集团品牌影响力、市场竞争力和社会影响力作出突出贡献且获得集团外荣誉的集体和个人进行奖励,进一步调动广大员工的积极性、主动性和创造性。

三是放大宣传效应,通过劳模代表座谈会、分享会、疗休养等,多举措关爱劳模,多形式宣传经验,激发劳模影响力,春节、国庆节前走访慰问劳模工匠、先进职工代表,并为劳模工匠发放节日慰问品,进一步营造学习劳模、争当劳模的良好氛围。

第四节　精准关心帮扶

广州公交集团立足职工关怀,实践"美好生活　一路同行"的企业愿景,打造企业职工关怀品牌,提升集团发展软实力,切实提高职工的幸福指数,增强凝聚力和战斗力。

一、以困难帮扶为重点,凝聚职工向心力

以广州公交集团《困难职工救助基金管理办法》为依托,做实做细职工帮扶,构筑包含广东省总工会"住院二次医保"和广州市总工会"住院保障计划""特种重病""女工安康""关爱计划"在内的多层次保障架构,对不同困难类型的困难员工家庭精准帮扶、分类施策,形成层次清晰、各有侧重、有机衔接的梯度帮扶工作格局,织密困难职工工作和生活保障网。春节、

中秋节、国庆节前,集团领导上门对困难员工、劳模工匠、离退休干部进行节前走访慰问;针对每位困难员工制定"一户一策",通过家属就业、医疗互助、企业帮扶送温暖等多种措施帮助建档员工脱困。

二、以职工需求为导向,用心用情办实事

疫情期间,动用工会结余经费,将市面上紧缺的发热、咽干咽痛、流鼻涕等常用药物配成"健康防疫包",送至每位工会会员手里,切实解决员工物资缺、购药难、用药难问题。统筹广州市总工会拨付防疫专项资金和各单位工会自有资金,为广大员工购买口罩、手套、护目镜、防护服等物资,开展防护措施宣传;拨付专项资金对染病、因疫情导致家庭困难的员工给予帮扶和慰问。

三、以文体活动为基底,提升企业认同感

以关心关爱职工及其家属为中心,联合广州交通运输工会开展"以人为本、关爱职工"的系列工会活动,通过亲子研学、青年志愿服务、"红色巴士"学堂、安全教育、寒暑假培训班、亲子徒步等形式,拉近职工与子女之间的距离。以关爱凝聚人心,以认同激励士气,在集团和职工之间架起"美好生活 一路同行"的桥梁。

四、以心理关爱为落点,探索关爱新路径

坚持以人为本的核心理念,立足实际,以"EAP[1]+N"的关爱模式,全方位、多渠道为职工提供贴心服务,着力打造具有行业特色的 EAP 职工心理关爱管理体系和服务模式。

一是引入专业机构,与广东省第二人民医院、广州市心理咨询师协会、南方医科大学等专业机构建立长期战略合作关系,针对企业特色和职工群

---

[1] EAP:Employee Assistance Program,译为"员工帮助计划"。

体特性,制定有针对性的服务计划,组织职工开展宣传教育、心理测评、心理培训、心理咨询、心理关爱等活动。

二是打造"心晴驿站",在各大公交站点、出租车驾驶员休息站等建成18个"心晴驿站",创新设置"心动力区、心能量区、心放松区、心温暖区"四大功能区域,配置按摩椅、书柜书籍、减压宣泄物品等设备。

三是培养内训师资,以培养"会宣传、会识别、会报告、会疏导"的"四会"职工心理服务队伍为目标,组织各级工会干部参加广州市总工会组织的专业培训,观摩心理健康服务职业技能大赛,通过理论、实操相结合等方式,学习心理健康常识、减压舒缓技巧、EAP在日常工作中的落地方法等,拓宽心理关爱人员队伍的知识面和实操能力水平。

四是线上线下联动,深化"医疗服务+信息化+安全管理"的驾驶员身心健康关爱模式。购置(租用)健康检测一体机,实现一线驾驶员日均健康检测全覆盖,连续多年开展"5·20"驾驶员关爱日活动、职工EAP亲子关爱活动,为职工带来正能量的身心体验。创新开设"巴士EAP心理关爱课堂",涵盖亲子关系、阳光心态、危机干预、压力释放等内容。

第五节　打造幸福阵地

广州公交集团强力推进幸福型企业创建工作,以"职工之家+爱心驿站+职工书屋+爱心妈妈小屋+劳模创新工作室"为辐射点,努力建成一批基础设施完备、服务功能齐全、管理运行规范的新型职工服务阵地。

一、建驿站,送关爱

按照"有统一标识,有固定场所,有完备设施,有管理制度,有人员管理,有地图可查"的标准,规范站点建设流程、健全运营工作机制、扩大日常服务范围,使"爱心驿站"在满足户外劳动者"冷可取暖、热可纳凉、渴可喝水、急可如厕、累可歇脚、伤可用药"使用需求的同时,也成为政府完善城市功能的重要补充。广州公交集团结合实际,分批在客运站场、公交站场建立以环卫工人、公交车驾驶员、出租车驾驶员、外卖员等户外劳动者为主要对象的服务站点,以"成熟一个,建造一个"的理念建成"户外劳动者爱心驿站"74个,其中国家级驿站10个、省级驿站33个、市级驿站44个,均在百度地图和高德地图添加定位,方便户外劳动者通过电子地图快速查询。

二、强服务,重品质

一方面,选择天河公交场、白云文化广场、广州火车东站公交站场及滘口汽车站充电服务区4个"爱心驿站"升级服务为24小时"不打烊"的"户外劳动者爱心驿站"试点驿站,满足各种新就业形态、户外劳动者的多元化需求。用实际行动实现"服务全天候,爱心不打烊",践行广州公交集团"无论多晚,我们为您守候"的服务承诺。

另一方面,截至2023年,建设"职工书屋"45间、"妈妈小屋"20间、"职工之家"18间。在元宵节、劳动节、母亲节等重要节假日,积极开展多元特色暖心服务,为一线职工和户外劳动者送上汤圆、鲜花、爱心大礼包等节日特色暖心物资。在高温天气开展"高温送清凉"特色关爱活动,为户外劳动者送上糖水、消暑药品、饮料、毛巾等物资;联合"灯塔·爱在交通基金"等企业在爱心驿站开展"致敬高温下的坚守"新时代文明实践活动,驿站前摆放"爱心冰柜",供户外一线工作者免费自取雪糕、饮用水,累计送出饮用水十万瓶、雪糕近万支,深受户外劳动者欢迎。

三、广交流,树品牌

把"爱心驿站""职工书屋""妈妈小屋"等职工服务阵地,打造成为"公交之窗"。广州公交集团下属"爱心驿站"内三个流动书屋——东山龟岗公交站场"爱心驿站"巴士畅捷书店、滘口客运站"户外劳动者爱心驿站"读书角、海珠客运站"户外劳动者爱心驿站"读书角获全国总工会职工书屋办公室授予的"全国便利型职工阅读站点"荣誉称号,进一步拓展了公交站场服务功能,营造了全民阅读的良好氛围。同时,结合2021年庆祝中国共产党成立100周年、2022年第一次全国劳动大会召开100周年、庆祝中国共产主义青年团成立100周年等重大活动,职工阵地精心设置党史、工人运动、团务知识等学习专区,配有电视定期播放党建文化视频,营造浓厚的红色文化学习氛围,助力赓续红色精神、传承红色文化。

第五章 推动车辆硬件服务规范化

第一节 建立健全标准与流程

为打造形象统一、服务规范的公交新形象,广州公交集团根据行业主管部门制定的《广州市公共汽车电车客运管理条例》和《广州市公交行业服务规范》等规定,结合企业实际,编制了《公交车辆设施及服务用品设置管理办法》和《公交车辆卫生保洁操作指引》等规范文件,进一步规范公交车辆服务标识的设置和管理,确保公交车辆行车安全和整洁美观,维护乘客乘车环境,亮化窗口形象。

第二节 统一车身涂装样式

广州公交集团成立后,着手统一公交车身外观涂装工作。经过多轮研究及意见征集,最后确定以极具广州特色的"西关窗"作为集团统一的车身涂装图案,同时规范了车身标识的企业标识、企业名称、车辆自编号等的涂装位置及字体大小、颜色、样式等,进一步提高集团属下公交车辆的辨识度。

统一车身涂装样式

第三节　统一车辆服务设施和标志标识

针对集团成立前各公交单位辖下公交车内宣传框架、贴纸、贴牌和电子屏等载体的呈现样式、设置位置、管理规范各不相同以及公交车厢内各类服务设施和标志标识不符合集团统一规范对外形象要求的情况，结合行业主管部门对公交车厢内各类服务设施设备的设置要求，广州公交集团组织编制了《公交车辆设施及服务用品设置管理办法》。

《公交车辆设施及服务用品设置管理办法》从管理原则和管理职责、服务用品管理、车辆设施管理和服务环境要求等方面，对公交车辆范围内各类服务设施和标志标识的设置标准、样式和管理流程等进行了统一规范，并明确了对公交车辆设施设备、服务用品进行检查评估的要求。

第六章 推进首末站管理标准化

第一节 编制建设管理标准化手册

为进一步强化集团属下公交站场专业、统一的对外服务形象,为市民提供更整洁有序、安全舒适的候乘环境,广州公交集团积极推动公交场站标准化建设(改造)工作,在统筹各单位不断完善不同公交总站类型建设管理标准化文件的同时,着力推动公交总站升级改造,结合"公交进社区"活动打造公交特色总站,不断提升集团属下公交总站文明、规范服务水平。

一、明确公交总站标准化建设(改造)通用准则

根据公交单位实际,结合公交总站的功能定位,制定公交总站标准化建设(改造)通用指引,立足"美观大方、简单实用、容易维护"原则,提出了公交总站标准化建设(改造)"符合前瞻性要求、符合人性化需求和遵循必要性原则"的三项准则,同时按"公交首末站(有独立用地)且配置站务房现场站务员""占道公交总站(在路边停靠、无固定场地)且配置现场站务员""占道公交总站(在路边停靠、无固定场地)且没有配置现场站务员"等不同站场类型,从站场环境及服务设施、站务用房设置及站务房内设施设备要求等方面,对公交总站标准化建设(改造)作出了通用性基础

标准指引,为各单位细化本单位管辖公交总站标准化建设(改造)奠定了基础。

二、分类制定公交总站建设管理标准化手册

一方面,指导属下交通站场中心编制印发《广州市公用公交站场建设管理标准化手册》。针对交通站场中心在辖或在建、规划新(配)建公交场站用地规范、权属明晰等特点,在《城市道路公共交通站、场、厂工程设计规范》(CJJ/T 15—2011)、《关于居住区配套公共服务设施装修标准的通知》(穗建房产〔2017〕499号)等行业标准和法规制度的基础上,围绕规范建设和管理服务两个核心板块,结合站场设施属性,立足实际,编制《广州市公用公交站场建设管理标准化手册》。手册分为规划建设和管理服务两部分,其中规划建设部分从规划设计、基建工程设施、宣传指引设施、安全环保设施、候乘配套设施、增值业务设施、智能信息设施、党建志愿设施等九个方面对规划新(配)建站场或改造已有站场的工程设计进行了详细规范;同时在手册的管理服务部分,从岗位形象管理、现场秩序管理、环境保洁管理、设施设备管理、内务管理、安全应急管理六方面对场站的现场管理工作提出了具体的规范要求。

另一方面,指导属下巴士集团制定《广州巴士集团有限公司自管公交总站标准化建设制度(暂行)》,明确提出其属下自管公交总站的建设、扩建(改建)及日常管理维护等过程必须符合规格标准化、标识标准化、功能标准化、管理标准化四个"标准化"要求,并结合自管总站客观环境等因素将自管总站分为三大类,根据不同类别总站的实际情况,对公交总站营运场地照明、给排水系统的规范设置、场地标志标线和安全标志的设置标准以及服务设施的规范要求等进行了细化明确;同时对站务房款式、色彩、功能进行统一,兼顾实用与外形美,在公交总站场地和站务用房的建筑式样、色彩、布局、风格等方面凸显企业文化和城市公共交通企业的特点。

第二节 推进站场升级改造

一方面,以公交运营单位自管总站示范性改造为切入口,指导各单位根据集团制定的公交总站标准化建设(改造)通用准则,从本单位自管总站中选出标准化改造示范点,并通过组织单位间示范总站评比学习,促使各单位取长补短进一步完善本单位自管总站标准化建设(改造)方案,随后结合"友爱在车厢"三年行动方案和"十四五"公交服务提升计划,逐年推进公交总站标准化改造工作。

推进站场升级改造

另一方面,指导交通站场中心针对管辖总站标准化建设管理基础条件较扎实的特点,利用站场安全设施装备升级、公交进社区等契机,对其辖下有条件的公交总站进行建设管理标准化规范的全面升级,市民的候乘环境和一线员工的工作环境均得到明显改善。

第三节　打造特色公交站点

在开展公交总站标准化建设改造的同时,广州公交集团还指导各公交单位结合打造公交"党群服务站"和"爱心驿站"等工作,在公交站场中增设市民服务功能区、公交文化展示区等,进一步延伸公交站场的功能,探索"1+N"服务新模式,打造集社区休憩、职工午休、标准化站务室等为一体的,具有交流、参观、展示企业文化等功能的综合公交服务场景,实现公交站场与社区融合发展,提升市民对公交服务的全方位美好体验。

公交总站+爱心驿站

例如，巴士集团在海印桥总站打造的"公交总站+爱心驿站"模式，将总站细分为休息区、学习区、便民区等多个功能区，统一配置触屏一体机、按摩椅、血压计和医药箱等设施，同时试点安装公交车驾驶员综合状态检测系统，通过信息化手段构建驾驶员健康闭环管理流程，既能满足公交业务需求，又能为户外作业人员、候乘市民提供休憩的场所。

第七章 推动线路服务品牌化

第一节 打造品牌线路

为进一步巩固公交服务品牌建设成果,扩大品牌线路的先进示范效应和社会影响,实现以品牌促服务、以服务强品牌,树立广州公交集团成立后的公交新形象,助力市民美好生活,广州公交集团指导属下各公交单位立足做优做强公交基础服务的同时,充分发挥公交承载和传播文化的载体作用,持续挖掘公交线路自身文化内涵,讲好公交故事,拓展公交服务外延,打造怀旧、文艺、时尚、敬老等系列的主题车、主题线。

经过多年的摸索和发展,广州公交集团属下各公交单位从创建单一线路品牌开始,逐步发展形成了品牌体系。如巴士集团厚植原有公交特色企业文化,在高质量"自转"服务"公转"的过程中,打造了全新的"'巴士伴您向未来'巴士+"文化品牌。该品牌通过广泛开展"读懂广州·巴士伴您向未来"系列活动,围绕"听韵""读城""寻迹"的主线,创新"巴士+诗词""巴士+美食""巴士+鲜花"等多种模式,推出了"全国首批博物馆文旅如约专线"等多条可随心定制的主题线路,打造了"城市记忆大巴"等32款特色显著的主题公交,把公交车变身"移动文化客厅",实现"巴士文化"与中华优秀传统文化的深度融合,以高质量文化供给增强人民群众的文化获得感、幸福感。又如广州市一汽巴士有限公司(简称"一汽公司")积极探索"友爱+公交+文化"模式，打造并发布"这厢有礼"服务品牌，入选第四批"广东省交通运输文化品牌"。该品牌以"全国工人先锋号"5路线和全国首批"青年文明号"10路线为试点，从在公交线路服务中倡导使用敬语和手势向乘客问好等优质规范化服务标准入手，进一步深化"友爱在车厢"内涵的同时，延伸服务触角，通过与青年志愿者协会、导盲犬学校等共建，打造了"世界孤独症关注日"公益主题公交，开展了"以爱同行，保驾护航——2023年国际导盲犬日活动"，以及联合粤剧艺术博物馆打造全国首条"粤剧文化主题公交"等，将"这厢有礼"特色服务与社会公益、传统文化有机结合。

随着品牌创建工作的深入开展，在提升公交出行服务品质的同时，实现了以公交车身为载体开展传统文化、城市地域特色宣传，发布社会新风尚、文明新要求，让特色鲜明的公交车成为看得见的风景和传播正能量的流动载体。

第二节　开展优秀品牌线路评比活动

自2019年开始，广州公交集团持续每年组织开展一次优秀品牌线路评选活动，截至2023年共推荐了75条线路参与优秀品牌线路角逐，最终通过网络评选+现场展示等形式，累计评选出40条优秀品牌线。它们中有"坐粤剧公交、享地道乡音"的8路线，有"重走爱国路、传承爱国志"的101路线，有"党建引领前行，激发线路发展新动能"的旅游2路线，有"品牌承载文化、安全服务万家"的521路线等。

同时，广州公交集团指导各公交单位以评选活动为契机，在市民中开展"老字号、新服务""文明服务进车厢""爱心敬老逛花街""广州过年花城看花""广府文化主题游"等特色活动，在线路和员工中做好广泛的评选宣传发动，并积极利用线上线下媒体渠道，通过新闻通稿、系列宣传短片等形式,大力宣传集团优秀品牌线路建设情况,在扩大先进线路的知晓率和影响度、强化榜样的示范带动作用的同时,对外展示了广州公交集团优秀的公交服务形象。

打造品牌线路

2019—2022 年度广州公交集团优秀品牌线路情况

时间	优秀品牌线路
2019 年度	观光 2 路线、旅游 1 路线、2 路线、85 路线、14 路线、133 路线、270 路线、"南海神·广州日报"珠江游线路、107 路线、182 路线
2020 年度	838 路线、217 路线、104 路线、1 路线、4 路线、581 路线、534 路线、243 路线、519 路线、"加菲猫"珠江游专线
2021 年度	205 路线、388 路线、3 路线、60 路线、521 路线、108 路线、193 路线、7 路线、5 路线、"广州红"党建研学专线
2022 年度	8 路线、24 路线、54 路线、233 路线、250 路线、101 路线、220 路线、546 路线、旅游 2 路线、西堤—鳌洲码头水上公交线

第八章 提高以人为本的运营服务水平

第一节 全力优化调整公交线网

广州公交集团自组建成立以来,在广州市交通运输局指导下,围绕"公转"服务,聚焦城市发展大局,并密切结合新时期市民出行需求变化,持续大力推进公交线网优化调整,不断提升线网运营效率。

一、2018—2020 年

围绕"提质增效、促进城乡公交服务均等化和提升公交服务品质"的目标,以集团组建成立为契机,以广州市创建公交都市为主轴,以"调整和拓展线网布局、优化资源配置、提升公交线网运行效率和市民公交出行服务体验"为宗旨,主动适应"轨道交通网络化运营、交通运输与旅游融合发展、'互联网+交通运输'模式创新、粤港澳大湾区建设和乡村振兴"的新局势,实施公交线网优化调整"一强、二拓、三优化"的"1-2-3"工程。

(一)"一强"

围绕"强化薄弱区域公交覆盖",强化外围新建区域公交服务,强化外围区、城市窗口枢纽和大型科技产业园区与中心区的快速公交连接,完善地铁线路公交接驳服务,优化调整和新开外围、偏远区域及新开地铁区域公交线路。

(二)"二拓"

围绕"拓展粤港澳大湾区交通网络"和"拓展定制公交网络",开行常规公交线路和定制公交线路。

(三)"三优化"

围绕"优化整合广州大道通道公交线网""优化整合中心区高重叠线路"和"优化整合低效且可替代线路",优化调整公交线路。

二、2021年

深入调整线网结构布局,着力于构建与城市发展相适应的公交线网。一是与广州市交通运输局共同研定公交线网调整三年计划,将中心区优化压减的运力腾挪至外围区,增强外围区域公交服务水平。二是推进低效、老化公交线路的改造,实施线路的优化调整或暂停营运。三是推进区域经营,完成原第三公共汽车有限公司(现广州巴士集团有限公司第三分公司)与原广州公交集团电车有限公司(现广州巴士集团有限公司电车分公司)东部区域有关公交线路经营权的置换。四是与民营企业广州新穗巴士有限公司完成BRT(快速公交)系统B10、B22两条BRT线路的承运权置换,为广州BRT系统向深化改革、实现经营主体大整合迈出坚实的一步。

三、2022年

在2021年基础上,重点围绕市民出行习惯及公交客流变化,着力推进公交线网资源优化整合,提高线网运营效率。一是实施中心区高重叠线路优化整合,以属下巴士集团成立为契机,优化调整中心区重叠、低效的公交线路,促进线网提质增效。二是在线网优化整合过程中,同步压减临近报废期或车质车况较差的非纯电车辆,将部分运力用于创新业务,加强非常规公交覆盖。三是实施线路分区经营,按照"区域经营、板块管理"的工作思路,将中心区按荔湾、白云、黄埔三区分别设置独立经营区,天河、越秀、海珠三区联合设置综合经营区的思路划设四个经营区域,稳步推进各企业间线路资源置换工作。

四、2023 年

围绕推动巴士集团公交运营服务再深化改革,全局谋划广州公交线网结构,大力推进线路调整,着力提升广州公交吸引力。

(一)谋篇布局,科学规划线网布局

1.构建分区经营格局

将中心六区划分为四大经营区域并重新分配资源,按计划完成公交线路运营单位的置换,构建"综合+西南区""综合+西北区"、"综合+东北区"和"BRT通道"的区域经营格局。

2.系统布局线网结构

组织工作专班开展公交线网研究,从行业、企业和市民三个角度以及静态指标、运营指标、效率指标、服务指标等维度建立指标评价体系,对公交线路分类分层开展有针对性的优化调整策略研究;同步研发线路优化信息化管理系统,实现线路优化调整的可视化、智能化。此外,以"3+1+1"(骨干线、普通线、驳运线+保障线+定制公交)对线网布局进行全方位规划,精准提升线网运行质量。

(二)狠抓落实,有序推进线路优化调整

一方面,结合 BRT 通道、荔湾区广钢新城等区域实体经济商圈的出行需求变化,优化调整有关公交线路,加强区域内接驳。另一方面,对低效、可替代线路采取停运措施,同时通过线路优化调整调配出运力,有效填补为推进纯电动化工作而压减全网运力造成的缺口,促进运力配置与线网规

模、运营里程与客流规模相匹配。

(三)服务粤港澳大湾区,完善南沙综合出行服务

贯彻落实《广州南沙深化面向世界的粤港澳全面合作总体方案》,重点围绕南沙湾、庆盛枢纽和南沙枢纽三个先行启动区,完善南沙综合出行服务体系。

1.服务南沙高质量发展,夯实区内公交服务

一是配合中山大学附属第一(南沙)医院、南沙港车站等重点项目,完善配套公交服务,优化调整区内公交线路,通过增设公交站点和优化调整服务时间,满足市民群众出行需求。

二是针对地铁18号线开通运营后南沙K2路跨区公交线路客流需求变化情况,优化调整线路起讫站点,协同城市轨道交通进一步强化南沙与广州市中心城区的快速公交衔接。

三是聚焦"服务人才、科技、产业、消费、大湾区互联互通、文化、营商环境"的"七个服务",拓展品质化的定制公交。一方面,拓展万顷沙片区"随需而至"动态公交服务,为保障联瑞制药、广州双桥(南沙)基地等单位职工出行,优化调整和新增站点。另一方面,积极与南沙区交通运输局沟通协调,征得同意利用常规公交运力开展定制公交服务,进一步提升南沙区的公交服务水平。

2.服务南沙对外拓展,完善南沙与港澳互联互通

一是恢复运营南沙往返深圳口岸的商务定制巴士线路。为推动粤港互联互通,结合南沙与深圳、香港之间的多元化交通出行需求,恢复南沙蕉门公交总站至深圳后海地铁站商务定制巴士线路,并为更好地匹配乘客出行需求,优化调整上下客站点,方便乘客转乘地铁轻松直达深圳机场、深圳北站等重要交通枢纽,实现了南沙至深圳、香港的无缝接驳。

二是开通运营南沙往返珠海口岸的商务定制巴士线路。为推动粤澳互联互通,开通运营南沙往返珠海拱北口岸的商务定制巴士线路,途经北

京理工大学珠海学院、北京师范大学珠海校区和拱北口岸等主要的人流集聚区。

三是筹备开行南沙往返深圳宝安国际机场的直达商务巴士定制线路。鉴于深圳机场集团计划在南沙选址布局城市候机楼、构建共享航空功能的直通服务通道，广州公交集团紧抓机遇，积极主动与深圳机场集团、南沙区交通运输局洽谈，推动开行"南沙—深圳机场"商务巴士定制线路，以充分发挥广州公交集团与深圳机场集团的区位、资源和业务优势，共同构建深圳与南沙互联互通的公共交通线网和服务体系，更好地"服务湾区美好出行"。

（四）着眼两网融合，提升城市公共交通线网效率

围绕推动公交、地铁无缝衔接，以线上线下融合模式挖掘客流需求、以项目制形式带动站点接驳效率提升，巩固公交对地铁的集疏运能力，提升广州城市公共交通线网运营效率。

一方面，拓宽获取客流信息"新路径"。围绕线上线下互补融合的方式，开发应用公交地铁接驳客流分析平台，同时开展地铁站点线下客流调查，多措并举掌握各类出行换乘接驳情况，评估转化公交客流可行性。此外，通过对途经线路采取错位发班联合调度、长短线互补调度及开行定制线路等措施提升接驳效率。

另一方面，探索优化地铁接驳"新形式"。选取坦尾站等重点地铁站点，以"一站一专班"形式推动细化地铁接驳线路的客流增长措施，通过"逐步试点、总结经验、全面推进"的思路，提升地铁公交接驳服务。选取的重点地铁站点 2023 年日均换乘量对比年初上升 56%，其中通过线路"联合发班"，采取长短线互补、总站错位发班的措施，均匀分布线路发班间隔，带动有关线路换乘量对比年初上升 28%；结合线路高断面客流，增设短线等非常规调度措施，加快车辆周转，带动有关线路换乘量对比 2023 年年初上升 32%。

第二节　大力促进公交提速

为助推疫情期间公交客运量恢复,广州公交集团组织开展行车提速和车速慢整治行动,以"公交提速"为目标,集中整治以确保安全行车为由刻意降速影响市民乘车体验的行为,要求驾驶员按照交通法规规定的速度行驶,全面提升公交运营速度,尤其是中心区高峰期间公交运营速度。在此基础上,为进一步提升公交核心竞争力和吸引力,启动"提高公交运速及车日客运量"行动,组织实施《公交提速、提满载率百日冲刺行动方案》,以提升线路运营质量、强化智能调度发班等措施为切入点,强化公交运营管理,助力公交出行分担率提升。

一是围绕优化常规公交及 BRT 通道线路,配合交通拥堵治理,落实部分线路取消停靠广州大道白云区医院等站点的分流改造。

二是借助信息化手段优化发班调度,整体自动发班率提高至94%。

三是研究试行"响应停靠,慢驶过站",组织外围区公交单位开展调研评估及与属地管理部门的沟通,其中从化区 9 条线路试行部分站点响应停靠,花都区 4 条线路调整为所有站点响应停靠的模式,线路整体运行顺畅。

四是按照"依法依规,应快尽快"的管理思路,辅以"优化公交车速度管控标准,强化行车作风监管,加强防御性驾驶宣贯教育"等措施,促进运营速度提升,做好驾驶员的正面引导及行车作风的监管。

第三节　着力打造准点、可预期公交

广州公交集团借鉴新加坡公交的先进做法,在深入测试的基础上,组织各公交运营单位推行"准点公交"服务考评活动。

一、工作目标

从安全运营和便捷服务的角度,减少因驾驶员驾驶习惯等造成的车辆时快时慢、同一线路车辆同一时段到站时间不均衡的现象,以"实施考核的线路平峰期班次全程误差时间控制在 8 分钟内、中途站到站时间误差控制在 3 分钟内"为目标,实现准点率逐月提升,让乘客尽可能坐到"准点、均衡到站"的满意公交。

二、工作措施

(一)广泛开展宣传引导

一方面,组织各单位通过宣传栏、微信群、队务会议和月度安全学习等方式,向线路管理人员(包括车队长、现场站务员、智能调度员等)、驾驶员宣贯提升车辆分段校时准点率的工作要求,演示智能终端机升级后快慢提示的功能,讲解操作和注意事项,加深线路管理人员、驾驶员对本项工作的熟悉度。

另一方面,组织各单位按各线路实际情况,定期将线路运行计划中关于不同时期(如工作日、周末、节假日)各时段(如高峰、平低峰)的不同营运任务(如全程、短线)行车时间的相关数据,通过宣传栏、微信群、队务会议、月度安全学习等方式向驾驶员展示,让驾驶员了解本线路的行车时间参考基准,做到心中有数。

(二)加强日常监管和分析改进

1.分段校时管理参数的维护

按照各线路实际情况,分行向设置分段校准的关键中途站点,通过跟踪驾驶员关键中途站点的准点情况,促进总站到站准点率提升。日常重点做好自动排发班系统分段校时管理中不同站点的校时误差范围等参数的设置、维护工作,并加强与线路管理人员的沟通,结合实际运营情况的客观变化,持续合理优化参数。

2.准点发班情况的监控和提醒

通过提高服从率保障车辆发班准点。一方面,由智能调度员和现场站务员配合对驾驶员的准点发班情况进行实时监控,及时与已达到发班时间但车辆仍未及时出站的驾驶员进行沟通、了解情况,并督促其准点发班。另一方面,利用自动排发班系统分段校时报表中的服从率报表做好定期统计分析,找出发车不准点问题突出的驾驶员进行重点监控提醒。

3.准点到站情况的监控和改进

采取分段校准的手段,促进到站准点率提升。一方面,利用自动排发班系统中的分段校时监控功能做好行车时间和中途站到站实时数据的监管和分析,对问题突出的线路、驾驶员进行实时提醒。另一方面,应用自动排发班系统中分段校时相关记录、图表数据定期进行统计、对比、倒查和分析,查找痛点,找出问题集中的车队、线路、站点、时段、驾驶员等,有针对性地制定、落实相应的改进措施,实现精准整改。

(三)加强驾驶员教育工作

1.准点情况通传

安排专人跟踪监控和统计对比准点发班、准点到站(含总站和关键中途站点)情况,对各车队、线路、驾驶员的准点率情况进行日常数据通传(如宣传栏、微信群)和定期集中通传(如队务会议、月度安全学习),通过数据的横向、纵向对比情况,对准点率较低的线路、驾驶员进行公布和提醒,对准点率较高的线路、驾驶员进行表扬并可适当进行经验推广。

2.人员教育谈话

根据准点率情况,对不准点情况集中的驾驶员,在实时提示的基础上,结合其驾驶习惯问题,由相关管理人员对其开展一对一的谈话提醒,进行专项提示和培训，在做好行车安全指引及教育工作的同时，督促驾驶员控制好行车节奏，按计划的行车时间驾驶。其中，相关管理人员包含但不限于车队长、安全员、营运部门负责人、安全和营运分管领导。如果相关驾驶员不准点的改进情况不理想，可逐级提高与其谈话的管理人员级别。

（四）推广实施中途站准点率考核

指导督促各公交单位按照本单位实际制定中途站准点率考核方案，建立准点率评分体系和按月考核机制，以中途站准点率为主要指标，对驾驶员进行评分考核，通过激励机制，以考核促落实，实现实施考核的线路总站到站准点率、关键中途站到站准点率逐月提高。

三、工作成效

"准点公交"服务考评活动实施以来，取得了一定的成效，虽受道路交通拥堵等不可控因素的影响，未达到"实施考核的线路平峰期班次全程误差时间控制在8分钟内、中途站到站时间误差控制在3分钟内"的预期目标，但促使驾驶员养成了良好的行车习惯，有效控制了同一线路车辆到站时间不均衡的问题。

第九章　建立健全服务体系

第一节　确立服务目标、理念、宗旨和核心价值观

2021年，经过前期调查研究、策划创意、意见征求和细节优化等流程，综合公交行业特色和广州城市精神，兼顾推广符合广州公交集团发展要求的下属单位优良特质，并强调国企担当意识，广州公交集团制订并对外发布了全新的"企业理念识别和行为规范体系"。新发布的"企业理念识别和行为规范体系"中明确，广州公交集团的企业愿景是"成为国际领先、国内一流的城乡绿色交通综合服务商"，企业使命是"服务湾区美好出行，链接市民幸福生活"，企业精神是"民为本，勇担当，敢先行"，经营理念是"协同发展、开拓创新"，管理理念是"科学、高效、精细、安全"，服务理念是"真诚、真情、真心"。

2023年，广州公交集团指导巴士集团围绕广州公交集团企业理念识别体系，一脉相承地提出了巴士集团的企业理念体系，明确巴士集团的企业使命是"服务美好出行，链接幸福生活"，企业愿景是"成为行业领先的高质量公交创新发展新典范"，企业精神是"奋勇担当，融合创新，聚力同行"，经营理念是"安全做实，服务做优，品牌做强"，管理理念是"科学规范、以人为本、团结高效"，服务理念是"服务引领，全心关怀，智慧随行"，并提出"广州巴士，守护生活每一站"的企业口号，充分体现了广州公交"争当优质城

市出行服务提供者、绿色健康出行领跑者、幸福人居环境创建者、共创共享美好未来同行者"的使命精神,突出了广州公交在当好城市守护者、链接生活每一站,守护城市秩序、城市环境、城市文化等各个方面的美好愿景。

第二节　设计服务形象视觉体系

广州公交集团在推出全新"企业理念和行为规范体系"的同时,对外发布了新的企业形象视觉识别系统,规范了不同场景下企业形象视觉识别系统的应用规范和要求。

2023年,广州公交集团指导巴士集团对外发布了视觉识别系统手册,巴士集团企业标识也采用了与公交车身相同的"西关窗"为主要框架的创新设计,企业标识的标准色则提取了"西关窗"的主色"红、黄、蓝"配合"黑、白"进行实际应用,同时以此为基础,发布了一整套的企业视觉识别系统在行政办公系统、环境导视基础系统、媒体宣传系统、会议规范系统等场景中的应用要求和标准,从而使巴士集团实现了从公交车辆到站务用房视觉形象的全面统一。

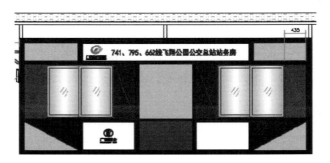

广州公交集团视觉形象概览

第三节　持续宣贯公交服务体系

广州公交集团持续宣贯公交服务体系。一是结合日常培训,开展企业理念、宗旨、目标等的宣贯,强化员工对公交服务目标的思想共识。二是指导巴士集团进一步完善《服务管理规定》和《服务投诉管理规定》等制度,以统一明确的服务标准和行为规范,强化服务行为管理。三是组织开展一线员工专题培训,不断强化员工规范行为,为公交服务塑形,其中一汽公司开展了"这厢有礼"活动,推出"123,这厢有礼"服务工作法,打造"有品质、有温度、有情怀"的公交服务新名片;巴士集团印发实施《"情暖车厢,友爱同行"示范性服务体系建设工作方案》,以"情暖车厢,友爱同行"为主题,以规范服务为基础,开展公交窗口示范服务活动,全力打造具有广州特色的公交示范性服务体系。

第十章 构建服务评价指标体系

第一节 工作启动

一、工作背景

2022年初,鉴于2021年底广州公交集团印发《"十四五"期间公交服务提升行动计划(2021—2025)》,为使集团各部室、属下各单位更好地透彻理解和贯彻落实好公交"大服务"的管理理念,进一步建立健全公交服务体系,丰富公交服务的内涵和外延,强化广州公交服务品牌影响力,努力打造走在全国前列的广州公交服务,实现可持续和高质量发展,广州公交集团提出公交要"服务人才、科技、产业、消费、湾区互联互通、文化、营商环境"的"七个服务",开启了广州公交服务评价指标体系构建探索研究工作。

二、工作目标

探索研究构建公交服务评价指标体系。一是针对市民、政府和企业三个层面对公交服务不同的关注点,选定相应的服务评价指标进行评价,全方位、客观、如实反映广州公交的服务水平与质量现状。二是根据公交服务评价的结果,展现行业和企业为公交服务市民及助力城市发展所做出的努力与责任担当,并找出存在的短板及产生的原因,制定并落实针对性的改进措施。三是通过公交服务评价工作的开展,推动广州公交吸引力和竞争力的有效提升,提高公交服务市民和城市发展大局的能力,促进广州公交行业的稳定发展和企业的健康可持续经营,打造公交行业的"广州服务"和"广州品牌"。

三、工作思路

鉴于公交服务涉及服务的受益者(市民)、服务的提供者(企业)及服务的支持与监督者(政府)三个层面,而三个层面对公交服务的关注点不尽相同,广州公交集团探索研究构建公交服务评价指标体系,结合广州市城市发展和公交服务的实际情况,在充分学习借鉴国内外城市先进做法的基础上,分别针对市民、政府和企业三个层面选定相应的评价指标,构建出广州公交服务评价指标体系。

四、工作成效

经组织充分研讨,广州公交集团研究形成包括市民、政府和企业三个不同层面的公交服务评价指标体系。其中,市民层面从"可靠性""便捷性""安全性"和"舒适性"四个方面进行考量,政府层面从"市民认可度""服务城市贡献情况"和"绿色交通贡献"三个方面进行考量,企业层面从"运营管理效率""员工满意度"和"安全管理质量"三个方面进行考量。共包括39个评价指标,其中市民层面21个、政府层面6个、企业层面12个。

公交服务评价指标体系表——市民层面

考量方向		评价指标	单位	计算公式	备注
可靠性	1	正点率	%	正点班次/总班次	不允许提前发班,实际发班比排班计划晚2分钟以内视为发班正点

续上表

考量方向		评价指标	单位	计算公式	备注
可靠性	2	准点率	%	准点班次/总班次	中途站实际到站时间比计划时间快(或慢)3分钟视为班次准点
便捷性	3	线网密度	公里每平方公里	有公交线路的道路中心线总长度/有公交服务的城市用地面积	根据公交都市考评标准,线网标准密度为3公里每平方公里,实际针对中心区域和外围区域设置不同的评价标准
	4	500米站点覆盖率	%	公交站点500米半径覆盖面积/城区建成面积	针对中心区域和外围区域设置不同的评价标准
	5	出行信息服务覆盖率	%	线上:"行讯通"和"广州公交社区"等APP、小程序可实时查询公交信息的站点数/公交站点总数。线下:"一站一码"站点设置数/公交站点总数	
	6	公建配套总站比率	%	设置公建配套设施的总站/总站数	
	7	换乘率*	%	总乘车次数/总出行次数	计算公式:(总换乘次数+总出行次数)/总出行次数
	8	换乘距离	米	(公交站点首、末子站的距离+地铁出站口至公交站的距离)/换乘站点数	
	9	地铁站点公交衔接率	%	地铁站点200米范围内公交衔接率	以地铁站点(非出入口)为计算基础
	10	人均候车时间*	分钟	由"行讯通"大数据计算得出	针对中心区域和外围区域设置不同的评价标准
	11	人均公共交通出行时间	分钟	由政府公布或第三方平台计算得出	收集市民利用公共交通工具出行的OD(交通出行量)数据进行统计和计算

续上表

考量方向		评价指标	单位	计算公式	备注
便捷性	12	公交与小汽车速度比	%	公交平均运营速度/小汽车平均速度	
	13	夜间出行保障率	%	地铁末班车衔接率:地铁收车后15分钟内接驳公交里程/基期里程	
	14	功能服务线路覆盖率	—	服务于社区的线路覆盖率(已覆盖社区数量/现有社区总数)及服务总人数	
			—	服务于学校的线路覆盖率(已覆盖学校数量/现有学校总数)及服务总人数	
			—	服务于医院的线路覆盖率(已覆盖医院数量/现有医院总数)及服务总人数	
			—	拥军线路覆盖率(已覆盖军属区数量/现有军属区总数)及服务总人数	
			—	敬老线路覆盖率(已覆盖养老院数量/现有养老院总数)及服务总人数	
			—	红色教育线路覆盖率(已覆盖红色文化学习基地数量/现有红色文化学习基地总数)及服务总人数	
			—	服务于数字经济集聚区等特定区域的线路覆盖率(已覆盖数字经济聚集区数量/现有数字经济聚集区总数)及服务总人数	
			—	服务于历史文化古迹的线路覆盖率(已覆盖历史文化景点数量/现有历史文化景点总数)及服务总人数	

续上表

考量方向		评价指标	单位	计算公式	备注
便捷性	14	功能服务线路覆盖率	—	服务于美食消费的线路覆盖率（已覆盖美食街区数量/现有美食街区总数）及服务总人数	
			—	服务于购物中心的线路覆盖率（已覆盖购物区数量/现有购物区总数）及服务总人数	
			—	服务于花卉、海产等专业市场的线路覆盖率（已覆盖花卉、海产等专业市场数量/现有专业市场总数）及服务总人数	
			—	服务于公园的线路覆盖率（已覆盖公园数量/现有公园总数）及服务总人数	
			—	服务于交通枢纽的线路覆盖率（已覆盖交通枢纽数量/现有交通枢纽总数）及服务总人数	
			—	服务于政府机关、企事业单位和社会团体的线路覆盖率（已覆盖事业单位及社会团体数量/现有事业单位及社会团体总数）及服务总人数	
			—	粤港澳大湾区互联互通线路数量及服务总人数	
				……	
安全性	15	责任事故死亡人数	人	责任事故中按责任权重计算的死亡人数	
	16	责任事故率	宗/百万公里	责任事故宗数（含客伤）/运营总里程	

续上表

考量方向		评价指标	单位	计算公式	备注
安全性	17	车辆进站率	%	进总站发班车辆之和/车辆总数	总站定义为配建或租赁规范公交总站,占道总站不纳入统计范围
舒适性	18	车厢拥挤度*	%	主要线路高峰单向高断面通过量/车辆通过高断面的客位数总和	
	19	港湾式中途站比例	%	港湾式中途站点总数/中途站总数	
	20	公交候车亭设置率	%	实际站点设施设置数/主管部门通知站点设置数	公交候车亭定义为设置了雨棚的公交站
	21	服务质量类有效投诉率	宗/百万人次	服务质量类有效投诉总数/服务乘客总数	

说明:带有＊号的"换乘率""人均候车时间"和"车厢拥挤度"等指标,由于同时涉及平衡乘客舒适度与企业运营效能的关系,需定期由第三方单位对相应指标值进行测评。

公交服务评价指标体系表——政府层面

考量方向		评价指标	单位	计算公式	备注
市民认可度	1	乘客满意度	分	主管部门组织开展的公交乘客满意度调查实际得分	
服务城市贡献情况	2	促进新建区域发展贡献情况	—	服务于新建区域的线路数量及服务总人数	
	3	服务"人才、科技、产业、消费、大湾区互联互通、文化和营商环境"贡献情况	—	服务于社区的线路覆盖率(已覆盖社区数量/现有社区总数)及服务总人数	
			—	服务于学校的线路覆盖率(已覆盖学校数量/现有学校总数)及服务总人数	
			—	服务于医院的线路覆盖率(已覆盖医院数量/现有医院总数)及服务总人数	

续上表

考量方向	评价指标		单位	计算公式	备注
服务城市贡献情况	3	服务"人才、科技、产业、消费、大湾区互联互通、文化和营商环境"贡献情况	—	拥军线路覆盖率(已覆盖军属区数量/现有军属区总数)及服务总人数	
			—	敬老线路覆盖率(已覆盖养老院数量/现有养老院总数)及服务总人数	
			—	红色教育线路覆盖率(已覆盖红色文化学习基地数量/现有红色文化学习基地总数)及服务总人数	
			—	服务于数字经济集聚区等特定区域的线路覆盖率(已覆盖数字经济聚集区数量/现有数字经济聚集区总数)及服务总人数	
			—	服务于历史文化古迹的线路覆盖率(已覆盖历史文化景点数量/现有历史文化景点总数)及服务总人数	
			—	服务于美食消费的线路覆盖率(已覆盖美食街区数量/现有美食街区总数)及服务总人数	
			—	服务于购物中心的线路覆盖率(已覆盖购物区数量/现有购物区总数)及服务总人数	
			—	服务于花卉、海产等专业市场的线路覆盖率(已覆盖花卉、海产等专业市场数量/现有专业市场总数)及服务总人数	
			—	服务于公园的线路覆盖率(已覆盖公园数量/现有公园总数)及服务总人数	

续上表

考量方向		评价指标	单位	计算公式	备注
服务城市贡献情况	3	服务"人才、科技、产业、消费、大湾区互联互通、文化和营商环境"贡献情况	—	服务于交通枢纽的线路覆盖率(已覆盖交通枢纽数量/现有交通枢纽总数)及服务总人数	
			—	服务于政府机关、企事业单位和社会团体的线路覆盖率(已覆盖事业单位及社会团体数量/现有事业单位及社会团体总数)及服务总人数	
			—	粤港澳大湾区互联互通线路数量及服务总人数	
				……	
	4	专项交通保障情况	—	重大节假日交通保障:投入的人力、运力和资金等	
			—	重要活动交通保障:投入的人力、运力和资金等	
			—	"爱心送考"、疫情转运等政府指令性交通保障:投入的人力、运力和资金等	
			—	抗洪抢险、战备等应急交通保障:投入的人力、运力和资金等	
				……	
绿色交通贡献	5	碳排放量	吨	各类燃料公交车辆年排放二氧化碳量的总和	
	6	纯电(氢)车辆占比	%	纯电(氢)运营车辆数量/全部运营车辆数量	

公交服务评价指标体系表——企业层面

考量方向		评价指标	单位	计算公式	备注
运营管理效率	1	驾驶员人车比	人/车	驾驶员人数/运营车数	
	2	全员人车比	人/车	全员人数/运营车数	
	3	车日客运量	人次/车日	服务人次/车日	
	4	平均人次运营成本	元/人次	运营成本/服务人次	
	5	车日均运营里程	公里/车日	运营里程/车日	
	6	平均车公里运营成本	元/公里	运营成本/运营里程	
员工满意度	7	驾驶员薪酬系数	/	驾驶员月平均工资/社平工资	
	8	员工满意度指数	/	通过职工问卷调查结果分级评分	
安全管理质量	9	事故死亡人数	人	事故中死亡的总人数	
	10	责任事故死亡人数	人	责任事故中按责任权重计算的死亡人数	
	11	责任伤人事故率	宗/百万公里	责任伤人事故宗数(含客伤)/运营总里程	
	12	事故率	宗/百万公里	事故宗数(含客伤)/运营总里程	

该指标体系为后来广州市公交行业主管部门研究推进广州市公交服务评价工作、优化调整对广州公交集团社会效益考核及广州公交集团深化指标体系应用、构建公交线网评价指标体系等打下了坚实的理论基础。

第二节 工作深化应用

随着轨道交通线网的日趋完善、网约车等新业态的迅速发展及市民生活和出行习惯的明显改变,广州公交面临客运量大幅下滑、公共交通出行分担率不断下降和财政补贴日发紧张的发展困境,为适应客流变化及压降运营成本以缓解财政补贴不足的问题,行业主管部门组织行业压减公交运力规模。然而,新时期市民对公交服务提出了更高的要求,现有公交线网布局和运营组织模式已不能满足其更高品质的出行需求,企业的高质量发展也亟须降低公交运营成本、促进公交运力和线网规模与新时期市民出行需求相匹配。

鉴于传统的公交线网优化主要是各公交企业与行业主管部门、市民乘客之间的"搏杀",缺乏相关的规划和评价标准,2023年初,广州公交集团启动信息化赋能深入推进公交线网优化调整工作,致力于在2022年研究构建的公交服务评价指标体系基础上,进一步深入推动建立广州市公交行业多层次、多维度的公交线网评价指标体系,实现行业、企业和市民三方满意度的平衡,保障行业的健康、可持续和高质量发展,同时为企业自身主动开展公交线网优化调整工作提供理论指导,促进新形势下公交线网提质增效。

一、工作思路和目标

通过定性与定量相结合的方法,对公交线网进行分层,继而建立指标体系对公交线网整体及各层级线路网分别进行评价,根据评价结果分析存在的问题,对症下药制定、落实改进措施。

二、工作成果

(一)公交线网分层

通过定性与定量相结合的方法,将公交线网按照"3+1"的模式进行分层,"3"即骨干线、普通线和驳运线组成的基础公交线网,"1"即保障线兜底的民生网。

公交线网分层

线路类型		骨干线	普通线	驳运线	保障线
线路特点		满足公交出行刚需,出行客流大、效益高、速度快(骨干快线)、跨组团	满足中短距离出行的需要,线路灵活、覆盖率广	满足短距离出行的需要,换乘便捷	1.满足区域公交刚需出行,民生兜底、延伸覆盖 2.夜班线全部纳入保障线范畴
范围指标	服务组团数量	≥2个	原则上1~2个	组团内	按实际需求确定
范围指标	布设位置	线路布设于城市的主要通道(含公交专用道)	—	次干路、支路接驳地铁出入口(200m)	线路行经区域或路段的公交线网密度较低
线形指标	长度	线路长度宜在中心区公交平均乘距的3倍左右	不应过长(宜在2~3倍中心区平均乘距范围)	短距离线路(一般不大于8km)	—
线形指标	非直线系数	线路非直线系数小(宜小于1.8)	不宜大于2.0	环线居多	—
运营指标	客流量	线路单日客流宜在5000人次/日以上	—	线路的公交地铁换乘客流较大	—
运营指标	不可替代性(OD)	客流出行OD具有较强的不可替代性(大于或等于80%线路客流OD,通过地铁出行不便)	—	—	—
运营指标	线路负荷强度	线路负荷强度相对较大(宜在240人次/百公里以上)	—	—	—
运营指标	日均运营班次	日均运营班次宜在120班以上	—	—	—

1.骨干线

定位为骨架网,主要作用为锚定枢纽、覆盖主要客流走廊,客流大,OD不可替代性强。为组团通勤出行提供快速、直达服务。

2.普通线

定位为支撑网,作为骨干线的对次级线网的补充,服务于组团间或组团内的出行需求。

3.驳运线

定位为循环网,主要服务区域内出行,作为社区、商务区等与地铁的接驳线,为地铁线路喂给客流,服务"最后一公里"出行。

4.保障线

定位为民生网,此类线路行经区域或路段的公交线网密度较低,取消后可能直接造成公交站点覆盖率下降,该线路提供最基本的保障服务。

(二)建立公交线网评价指标体系

以"可量化、可计算、可落地"为原则,选取了21个指标对公交线网进行综合评价(含4个静态指标、9个运营指标、3个效益指标、5个服务指标),包括静态指标、运营指标、效率指标和服务指标四个维度,对公交线网整体及骨干线、普通线、驳运线和保障线四个线网层级分别进行评价。

公交线网评价指标体系

序号	指标类别	指标名称	计算单位	统计维度				
				线路网	骨干线	普通线	驳运线	保障线
1	静态指标	线路重叠率(可单独计算骨干线与地铁重叠率)	%	√	√	√		
2		线路长度	公里	√	√	√	√	√
3		线路非直线系数	—		√	√		
4		线路配车数	辆/日	√	√	√	√	√

续上表

序号	指标类别	指标名称	计算单位	统计维度				
				线路网	骨干线	普通线	驳运线	保障线
5	运营指标	线路客运量	人次/日	√	√	√	√	√
6		线路发班量	班次/日	√	√	√	√	√
7		平均发班间隔	分钟	√	√	√	√	√
8		换乘系数	—	√	√	√		
9		线路平均出行距离	公里	√	√	√		
10		高峰小时平均运送速度	公里/时	√	√	√		
11		线路出行结构指标	%	√	√	√		
12		线路高频乘客比例	%	√	√	√		
13		线路客流不均衡系数	—	√	√	√		
14	效益指标	线路满载率	%	√	√	√		
15		线路单车载客量	人/车日	√	√	√	√	√
16		线路负荷强度	人次/百公里	√	√	√		
17	服务指标	公交线路拥挤指数	%	√	√	√		
18		平均换乘时间	分钟	√	√	√		
19		到站大间隔指数	%	√	√	√		
20		线路投诉率	次/百万人次	√	√	√	√	√
21		线路候车时长	分钟	√	√	√		

三、成果应用

公交线网分层和评价指标体系建立后,广州公交集团按照既定的线网分层,对应各线路设定线路优化定性或定量的计算标准,同时与主管部门沟通,优化线路调整的审批流程,对照指标体系评价结果,将满足条件的线路优先纳入优化调整的范围,研究实施优化调整方案。

第三篇

夯实平安公交管理基础

第十一章 建立健全安全生产双重预防机制

第一节 构建事前事中事后全方位安全防控体系

为有效防范事故,广州公交集团充分应用信息融合,利用大数据思维,开展全方位安全防控,构建事前预防、事中监控、事后分析的全方位安全防控体系。一是建设"岗前健康"子系统和"微教育"小程序,对驾驶员上岗前的健康、操作技能和安全意识实现源头把关,落实事前预防。二是建设"动态监控"子系统和"视频抽检"系统,对驾驶员行车中的行为和状态进行过程监管,强化事中监控。三是建设"一线一册"系统,对驾驶员行车操作行为进行效果评价,对事前大量的安全数据进行加工汇总分析,作为事后分析的依据和判定标准,并通过信息化手段,对驾驶员运行全过程实现无遗漏监控。四是创新性自主研发驾驶员行为习惯分析评价系统,综合集成公交车上配置的防疲劳驾驶系统、CAN(控制器局域网)总线、实时视频等多套信息化系统,对驾驶员行车技能、行车态度、不良习惯等综合分析、判断、评分,实现前置性精准教育和事故防范,有效提升驾驶员安全驾驶技能。

第二节 精准提升驾驶行为和技术，落实事故防范措施

一、多措并举积极防范司乘纠纷可能导致的安全事故

2018年11月，最高人民法院对外发布公交车司乘冲突引发刑事案件司法大数据。大数据显示，2016年1月1日至2018年10月31日，全国各级人民法院一审审结的公交车司乘冲突刑事案件共计223件，超半数案件有乘客攻击驾驶员的行为，更有近三成出现乘客抢夺车辆操纵装置的情况；面对纠纷，约三成案件中的驾驶员选择了避让，仅约一成案件有其他乘客出面制止驾乘冲突的情形；超五成案件出现车辆撞击其他车辆、行人、道旁物体或剧烈摇晃等危险情况，仅二成的案件未造成重大不良后果。

面对司乘纠纷可能导致的安全事故，广州公交集团多措并举，落实防范。一是完善设施设备，在公交车驾驶员区域加装安全隔离设施，并将驾驶室防护隔离设施作为车辆采购标配，保障驾驶员的安全驾驶环境。二是加强人员配备，按照上级要求，在部分重点线路公交车上配备乘务管理人员（安全员），随车服务乘客、维护秩序，加强安全防范。三是开展驾驶员司乘纠纷应对及良好驾驶习惯等专题培训，提升驾驶员突发事件应对技巧。

二、广泛推行公交线路驾驶员标准化驾驶

2019年起，广州公交集团试点推行公交线路驾驶员标准化驾驶，总结公交车典型事故经验教训，结合当前道路环境特点，制定了"安全启动、进出站、转弯（盲区）"和预防电动自行车碰撞事故"七大场景"等标准化操作规范供驾驶员培训学习，不断提升操作技能，养成良好行车习惯。同时，不

断总结和细化驾驶员操作行为的信息化判别标准,归纳了安全启动、急转弯、疲劳驾驶、急起急刹等47项风险行为的信息化判断逻辑标准,供系统按标准化逻辑及时筛查和评价驾驶员操作行为。另外,结合线路实际运行特点和风险隐患排查情况,形成"一线一册"档案操作评价标准,供监控人员对照场景严抓不良驾驶行为,并为"驾驶员画像"提供数据支持,为管理人员后续教育培训和精准管理提供依据,通过多维度的标准化操作监管,有效提升了驾驶员安全行车水平。

第三节 强化公交站场安全隐患综合治理

一、因地制宜优化场内营运组织方式

公交站场客流组织一般为"通道式",即车辆在指定车道待发兼发车,乘客穿行车道到达发车位候乘上车。该模式存在四方面安全风险:一是大量乘客从车头前方穿越,且存在乘客争先恐后"赶"上车和驾驶员视野不足"盲"开车的风险;二是站场未封闭式管理,无关人员可随意闯入的风险;三是工作人员靠近通道就近管理,进入了车辆转弯失控危险区域的风险;四是失控车辆存在冲撞碾压排队乘客导致群死群伤的重大风险。

广州公交集团对近年来场内交通事故进行分类分析,并组织开展分类专项整治,将人车交叉的风险降到了最低。如针对天河客运站和云台花园等公交站场,将引导通行的斑马线从车道第一台车车头位置调整至车尾位置,较好地解决了"赶"和"盲"的安全风险;针对泮塘和宝岗大道等公交站场,将车头并排停放调整为阶梯式错位模式,较好地消除了驾驶员视野盲区。

公交站场改造

为保障站场本质安全,广州公交集团组织对海珠交通换乘枢纽、草暖公园公交站场的"堤岸式"发车模式开展深入分析。"堤岸式"是车辆在指定车道或区域待发,发车后行驶到堤岸(岛)上客,乘客在人行道集中候乘,实现了人车各行其道,从本质上消除了人车交叉引发交通事故的潜在风险。

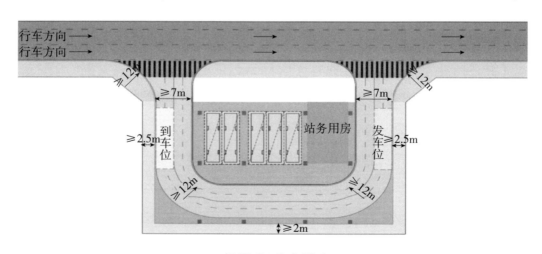

"堤岸式"发车模式

2021年,广州公交集团启动泽德花苑公交站场"通改堤"试点工作,克服该站"通道式发班""客流量大"和"营运面积受限"等难题,在右侧人行道上将上客区设置为L形,突破性地解决了发班卡位不够用的问题,同时采用前置下客和场外借道回车的方式弥补了营运面积受限的缺点。试点改造得到司务人员和乘客的广泛好评。截至2023年,完成了动物园南门、华景新城和黄沙等60多个公交站场堤岸式发车的营运组织方式优化,得到市交通管理部门的认可,公交站场内安全事故发生率也呈现大幅下降的良好态势。

改造前　　　　　　　　　改造后

公交站场改造

二、持续完善公交站场隔离技防设施

(一) 推进公交站场出入口道闸建设

2018年,广州公交集团开展专题调研,评估在公交站场出入口建设道闸对于防范出入口交通事故的作用,并试点在部分站场建设安装。智能道闸的安装提升了站场封闭管理程度,强化了场内人车分流,促使驾驶员养成安全驾驶习惯,有效降低了安全风险。如石溪公交站场,该站入口和出口分别与车流量大的工业大道和石岗路平行且无缓冲区域,特别是出口处于十字路口,行人、电动车及社会车辆可随意进出,曾尝试增加岗位强化现场管理,但收效不大;而道闸的设置使场内交通安全环境发生了质的改变。

又如东山口公交站场,该站周边饮食店较多,外卖小哥为了抄近路、赶时间,常常不顾劝阻在场内肆意穿行,且上下客位置均在营运区,风险叠加倍增;经过协调,将上客区调整至站外,用道闸实施封闭管理,无关人员和车辆随意闯入的情形大幅减少。

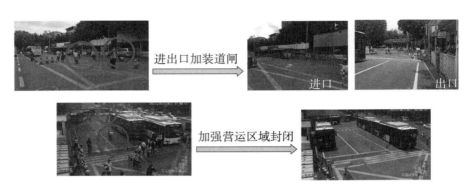

石溪公交站场建设智能道闸

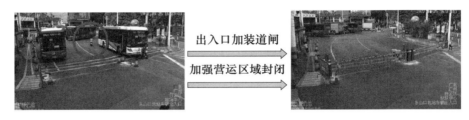

东山口公交站场建设智能道闸

(二)完善公交站场内防撞减速设施

在公交站场内设置防撞沙桶、防撞石墩、防撞栏和防撞柱等防撞减速设施,并在部分存在坡度的站场完善减速带。

公交站场内增设防撞减速设施

（三）设置场内作业通道

有序推广工作人员作业活动区域规范工作,在公交站场设置工作人员通道,为工作人员安全开展场内相关作业提供保障。

设置场内作业通道

三、全力打造安全"醒神"文化

（一）增加各类警示标语标志

在公交总站站场进出口、落客区和上客区等位置设置驾驶员安全行车提醒和行人交通安全标志牌,并针对邻近河涌或场内有河涌的站场,完善警示标识、风险告知和隔离防护设施。

（二）加装语音提示设备

依据公交站场现场环境需要,加装语音提示设备,提高交通参与者的安全防范意识。

第十二章 探索完善驾驶员身心健康管理机制

第一节 先行先试,引入驾驶员身心健康专业医疗服务

2020年,广州公交集团结合《广州市交通运输局关于进一步加强公交驾驶员健康管理工作的意见》,指导属下巴士集团搭建新型的"医疗服务+信息化+管理"驾驶员健康管理模式,全面提升驾驶员身心健康管理效能。该模式是集团在行业内首次试行,即通过购买驾驶员"心理测评"和"日常健康管理"服务,与专业的医疗机构合作开展驾驶员身心健康管理,从而让"专业的人做专业的事",企业再通过信息化系统实现动态监管和构建完善管理机制,深化健康管理工作。

驾驶员身心健康管理模式主要包括两个方面。在心理健康方面,引入了南方医科大学专业科研团队创新开展驾驶员心理健康筛查,设咨询室、微信和24小时在线电话,把好在职驾驶员和新入职驾驶员心理健康第一关,对所有驾驶员进行线上、线下测试,评测抑郁、焦虑、睡眠、精神病性、驾驶风格、攻击特征及职业倦怠等指标程度,将评测数据与日常行为(事故、违法违章、服务投诉等数据)匹配分析,对高风险人员进行疏导、降低工时或劳动强度、转岗和重点关注(100%家访);在身体健康方面,通过与社会

体检医疗机构合作,以购买服务的形式,由专业的医疗机构提供驾驶员健康"分级分类、健康指引、就诊提示、服药提醒、随访提醒、生活干预"等特色服务,并在总站配备健康检测一体机,每日对体温、酒精、血压、血氧、单向心电等检测项目进行岗前健康检测,对驾驶员健康动态进行常态化监管和及时干预。

第二节 自主创新,研发驾驶员身心健康管理信息化系统

为加强对驾驶员健康突发状况的监管效能和综合管理,广州公交集团组织开发了信息化系统,以驾驶员每日"上岗前健康检测、营运过程动态监控、驾驶员劳动工时"为健康监控重点,强化驾驶员健康"事前""事中""事后"全链条管控。

"事前"方面,研发了"驾驶员岗前健康管理系统",对驾驶员每天在健康检测一体机测得的体温、酒精、血压、血氧、单向心电等项目数据进行监控,当检测数值超过预警阈值,实时推送预警信息至监控人员、车队长,对体检数据超出预警阈值的驾驶员采取暂停上岗、指引就医等手段进行干预,进行隐患源头的防控。

驾驶员上岗前健康检测

"事中"方面,研发了"驾驶员动态监控系统",对疲劳驾驶、精神不集中等隐患行为进行干预。以疲劳驾驶行为干预为例,当驾驶员产生疲劳行为,系统立即在车内设备产生预警提醒,同时向后台监控人员推送一张截图、一段10秒的视频、一条预警信息,监控人员判别属实后,向驾驶员发送预警提醒并将预警流转车队长进行后续的提醒和暂停上车。另外,不断优化实时动态监控系统技术和配套功能,引入"图像清洗技术"和"海康实时提醒麦克风"等技术与设备,提高隐患行为筛查的精准度和驾驶员处置疲劳驾驶行为的时效性。

"事后"方面,研发了"驾驶员工时管理系统",促进驾驶员劳动工时合理化、均等化、科学化,由安全及人力资源管理部门定期通报"日驾驶时间超12小时、连续驾驶时间超8小时、月累计驾驶超260小时、连续工作超过6天"等数据,强化驾驶员劳动强度监管,倒逼优化调度,合理排班。

第三节 精细管理,优化完善驾驶员身心健康管理机制

为进一步细化驾驶员身心健康日常管理,广州公交集团指导属下巴士集团积极建章立制,构建完善的健康管理制度体系。制定了"1+6"健康管理制度(即1个健康管理主制度和6个健康管理子制度),子制度涉及"身体健康管理、心理健康管理、分级分类管理、出车前询问、矛盾排查化解、员工关怀"等方面,明确了驾驶员健康管理职责要求。同时,从驾驶员"身心测评""综合行为"以及"营运线路"风险三个维度进行研判,设定驾驶员分级分类标准,细化风险管控。

一、体检、心理测评分级分类管控

联合医疗机构设立了基于驾驶员历史体检、病史、心理评估等信息数

据的"静态"风险分级,基于健康监测一体机和健康申报数据的"动态"分级监管标准,将驾驶员划分为高度风险、中度风险、低度风险3个等级进行管理。

二、驾驶员综合风险分级分类管控

通过对驾驶员驾驶行为、违法违章、服务投诉等数据的综合评估,将体检、心理测评为高、中风险且发生事故、违法、投诉的驾驶员,纳入综合风险分级分类管控。

三、营运线路风险分级分类管控

对行经高架桥、高速公路、过江桥梁等安全风险等级较高的公交线路进行风险等级筛查和划分,同时,结合线路的风险等级划分,做好中、高风险类别驾驶员的工作安排,合理安排适合上岗的线路。

第四节 家企联动,落细落实驾驶员关爱工作显成效

一、深入开展企业进家庭活动

广州公交集团在与各属下车辆运行单位签订的安全责任书内规定"各分公司每年企业进家庭活动覆盖面不少于10%"的要求。各车辆运行单位进一步细化工作标准,在日常工作中积极发动党员、干部参与,分类分级,结合各驾驶员安全服务表现、家庭生活境况、身心健康状况等组织开展家访、慰问活动;相关单位还在春运前、"安全生产月"活动期间,给驾驶员家属寄一封安全信,邀请驾驶员家属参与、支持、保障驾驶员安全行车工作。

二、大力推进家庭进企业活动

广州公交集团积极创新安全生产"家企联动"方式,建立了以线路(分

队)、班组为单位的驾驶员家属微信群,逐步规范、创新群内信息内容,家属进群率达70%以上,相关安全提醒转发率逐步提升,驾驶员疲劳驾驶大幅减少、带病上班基本杜绝;积极开展"家属开放日"活动,邀请家属参观企业、体验驾驶员工作环境、参与驾驶员行为监控、参加车辆盲区知识和日常交通知识讲座。其中,一汽公司驾驶员家属参与度达95%以上,家属参与"安全教育进家庭、亲情守护幸福行"安全寄语视频录制和党委打造"党建+安全"书记项目等相关举措先后获《信息时报》和"广州应急管理"微信公众号宣传报道。

第十三章 创新开展专职专业专人安全生产督导检查

第一节 成立专职安全生产督导检查队，压实安全防范"最后一公里"责任

2023年，广州公交集团筹备组建专职安全生产督导检查队，以此为切口实施"五项机制"，全面压实各层级责任。

一、实施全覆盖检查机制

专职安全生产督导检查队队员每2人一组，综合运用随车督导、现场检查、视频抽检等方式，每天分组对集团属下人、车（船）、场地等安全生产要素进行"四不两直"检查，重点聚焦"操作是否落实规程、规程是否完善、制度是否执行"三个维度。

二、实施常态化领导随队督导机制

广州公交集团领导班子成员充分发挥"头雁作用"，集团领导每月不少于1次参加专职安全生产督导检查队随队检查，集团高管每月不少于2次参加随队检查，各分管领导每月不少于1次组织开展安全部署专题会议，推动层层落实责任。

三、实施隐患闭环"三不"管理机制

督导检查队每天通报督导检查发现的问题,确保问题不过夜;每周研究典型隐患,确保整改不超时;每月召开安全生产专题分析会,确保管理不缺位,促进信息互通、经验互动,形成齐抓共管的隐患排查治理工作格局。

四、实施层级回溯的责任追究机制

对发现的隐患,至少回溯两个层级责任人的日常履职履责情况,并针对检查发现的隐患及时通报考核相关工作责任人,做到"见事见人见根源"。

五、实施高标准的队员管理培养机制

经过推荐、遴选、考核等程序从严把好督导检查队员选拔关;邀请省级安全管理专家定期开展业务培训,不断提升督导检查队员业务水平和综合素质;对担当作为的队员通报表扬,对不称职的队员予以退回;定期组织不同专业分队队员交流轮换、相近专业板块交叉互查,立体培养跨专业的隐患排查、安全管理专业人员。

专职安全生产督导检查队伍成立以来,全覆盖、高强度督导检查激发了集团上下"时时放心不下"的工作责任感,各类安全隐患排查整改同比大幅增加,各级企业对应隐患整改,新增和优化了各类安全管理制度、操作规程规范,安全生产主体责任得到进一步夯实。

第二节 自主建设"安全检查助手"小程序,构建风险管控"一张网"

针对车辆多、场所多、业态多的"三多"特点,广州公交集团自主开发建设"安全检查助手"小程序项目,以信息化手段推动风险告知、隐患排查、快

捷上报、闭环整改的全链条智慧治理。

一、构建作业风险告知和岗位自查清单的智慧管理体系

重点对维修作业场地、仓储仓库等逐一赋码,自动生成包含风险提示、自查项目、个体防护、应急处置等信息的岗位风险告知书和应急操作明白卡,让各岗位职工"码上"落实上岗前安全交底、设备工具日检、应急处置措施学习等日常安全管理措施。

二、构建隐患排查和安全生产标准化相互融合的智慧管理体系

推进"一点一策"标准化清单式安全检查,建立各类场所和项目标准化检查清单,解决基层网格员对安全隐患识别不清、检查内容"挂一漏万"的问题。相关场地实行"一场一码",并融合GIS(地理信息系统)定位技术,精准判别实际扫码位置,有效辅助检查人员定时、定点开展隐患排查工作。

三、构建闭环整改和跟踪分析的智慧管理体系

隐患整改责任单位通过扫描整改通知书上的二维码上报整改情况,推动形成整改闭环。系统进行横向、纵向数据分析,形成各生产场所或受检企业安全生产画像,精准反馈问题,为提升督导效率、开展靶向治理提供数据支撑。

第十四章 提升公交应急响应能力

第一节 公交应急响应概况

公交应急响应能力包括预案制定、监测预警、应急处置、总结提升等方面的能力。广州公交集团围绕"预防—准备—响应—恢复"四个阶段，持续推进应急预案建设和信息化建设，以技防为抓手，实现交通事故、突发事件、特殊天气等场景下的公交快速应急响应。此外，通过定期开展"双盲"应急演练，及时优化人员、职责、流程、应急物资等要素，全方位提升应急处置能力。

第二节 制定应急响应预案

一、推进应急预案标准化建设

广州公交集团组织各单位对应急处置场景进行全面梳理，制定各场景的应急处置流程标准，编写规范，内容包括应急处置流程、应急口诀、应急处置措施、岗位人员配备情况、应急物资设置情况等。根据不同场景，各单位在规定时间内向集团综合调度指挥中心报送信息，按人员、岗位职责分配应急处置任务，并按实际需要配备应急备勤点和应急物资，综合调度指挥中心对信息报送时效性、应急处置执行过程、人员到位情况进行核查,确保每一个环节落实到位。

二、落实"双盲"应急演练

通过内部"双盲"演练,以演促练,提升应急处置人员综合能力水平。实际演练中跟进每一个流程环节和关键节点,及时发现、修正应急处置预案存在的问题,确保应急预案的科学性和可操作性。从2022年至2023年,广州公交集团开展多项综合应急演练,主要包括侵扰驾驶、疲劳驾驶、涉水处置等。

广州公交集团2022—2023年综合应急演练

序号	年度	参演内容	参演单位
1	2022	双层巴士行驶途中遭遇侵扰驾驶和纵火的应急处置	广州市公安局公交分局,消防救援队,巴士集团电车分公司
2	2022	公交车驾驶员疲劳驾驶行为应急干预处置	巴士集团番禺片区
3	2022	纯电动公交车涉水应急处置	巴士集团三分公司
4	2023	公交车驾驶员突发身体不适造成交通事故应急处置演练	巴士集团电车分公司
5	2023	纯电车涉水转运乘客应急处置演练	巴士集团三分公司

此外,综合调度指挥中心不定期发布应急演练指令,根据预案对各单位的应急处置响应能力和处置流程进行抽查,督促各单位时刻做好应急准备。

第三节 加强风险监测预警

一、异常停车预警

结合GPS(全球卫星定位系统)、CAN总线等数据,对公交车营运过程中停车时间过长的异常行为进行预警。监控人员收到预警信息后,通过现场视频核实车辆状态,判断是否有事故发生。

二、水浸点预警

与广州市水务局、广州交通运输局保持联系,在暴雨、内涝等特殊天气场景下,通过系统发现公交行经路段是否存在水浸,及时安排线路车辆绕行。

三、开展联合拯救和应急处置

广州公交集团积极配合交警部门开展联合拯救工作,并与荔湾、海珠、天河、白云等区的交警部门建立沟通联络机制,更好地提高了清障的及时性。

第四节　构筑全链条应急响应系统

对照"预防—准备—响应—恢复"四个阶段,广州公交集团开发建设应急响应系统,做到应急响应各个链条环节全覆盖。

一、预防阶段

通过建立"一线三排"系统,利用信息化手段,在属下各单位所有的站场、停车场、办公区域等生产场所设立完整的安全生产风险档案、明白卡,实现对场站风险隐患的分级分类和信息化管理,预防场站风险隐患点的漏检、漏查。同时,设定巡检指标,督促完成巡检任务。

二、准备阶段

设立应急物资点、备勤点,通过系统开发"应急响应一张图",随时查询并实现应急物资调配。

三、响应阶段

在广州公交集团安全管理平台开发了"事故快报"和"三防应急"功能,确保信息及时上传下达。在响应过程中,通过调用公交智能调度平台、车载视频、智能视频对现场情况进行监控。

四、恢复阶段

通过现有平台对历史数据进行分析,总结经验,提升安全管控能力。

第五节　强化公交地铁应急接驳

一、落实地铁接驳应急预案

按照广州地铁应急公交接驳实施预案的要求,做好公交应急接驳工作,具体流程如下:

步骤1:集团综合调度指挥中心接收广州市交通运输局应急接驳信息,启动应急预案。

步骤2:各单位接收信息后,落实派车并上报车号。

步骤3:在应急接驳过程中,指挥中心通过全球卫星定位系统监控车辆到位情况,如发现车辆未及时到位,通过微信或电话督促下属单位。

步骤4:各单位车辆到达指定地点,上报到达信息。

二、做好后勤保障

在应急接驳期间,广州公交集团通知巴士集团运输分公司派出拯救车在备勤点待命。同时,与交警部门保持联系,按需开通绿色通道,保障应急接驳任务顺利进行。

第四篇

数字化赋能公交服务

近年来,国家大力推动数字化和智能化发展,为公交行业的数字化转型提供了政策支持。广州作为一线城市,积极响应国家政策,推动公交行业数字化转型。随着5G、大数据、人工智能等技术的快速发展,为公交行业的数字化转型提供了技术支撑。

2021年以来,广州公交集团指导巴士集团紧扣技术变革契机,推进数字孪生技术研发及应用创新。随着城市规模的不断扩大和人口数量的增加,传统的公交服务已经无法满足市民的出行需求,数字化转型可以提高公交服务的效率和质量,满足市民的多元化出行需求;而随着网约车、共享单车等新型出行方式的兴起,传统公交行业面临着巨大的竞争压力,数字化转型则可以帮助公交行业提升竞争力,吸引更多乘客;此外,数字化转型还可推动公交行业绿色发展,通过优化线路、提高车辆运行效率等措施,减少公交行业的碳排放和对环境的影响。

第十五章 数字化转型目标

第一节 数字化转型顶层设计

一、总体原则

广州公交集团指导巴士集团数字化转型坚持三大总体原则：

(一)统一思想,一把手推动

坚持一把手全面负责,深刻认识到数字化转型工作是一项艰巨的、长期的、系统性的工作,绝非一劳永逸、一蹴而就的。

(二)数据驱动,数字化赋能

坚持数据驱动,提升企业利用数据指导决策和优化业务流程、赋能业务的能力,实现"无能力不实施"。

(三)全面保障,各板块协同

坚持从组织、人才、制度等方面保障,各业务板块协同推进数字化转型工作有效、可持续开展。

二、总体思路

在三大总体原则指导下,进一步明确"1427"的数字化转型总体思路:

（一）"1"：一个数字化愿景

通过数字化转型实现巴士集团全业务的服务精准化、运营协同化、管理高效化，努力成为"广州公交高质量发展压舱石，粤港澳大湾区公交服务排头兵，全国公交创新发展新典范"。

（二）"4"：四类新型能力建设

构建用户交互能力，为业务发展奠定用户基础；构建精准服务能力，推动行业良性创新发展；构建数据服务能力，助力业务流程优化与创新；构建业务服务能力，提高管理效率，打破职能壁垒。

（三）"2"：两大数据驱动要素

打造"敏捷开发、数据管理"构成的数据体系要素；建设"数据中台、业务中台"构成的数字平台要素。

（四）"7"：七大体系保障

持续巩固组织体系保障、人才体系保障、文化体系保障、流程体系保障、制度体系保障、绩效体系保障和资源体系保障。

第二节　数字化转型目标

一、出行服务链条化，提升用户资源挖潜能力

以乘客出行体验和产业生态体验为核心，着力发展平台业务模式，将用户从各个分散的业务板块集聚到统一的对外服务窗口。在集聚平台用户的基础上，将用户进一步引流到各类业务板块和产品服务，实现用户资源在各业务板块互联共享，带动巴士集团内部业务生态系统的可持续增长。

二、数据应用中台化,提升数字技术支撑能力

基于数据中台技术,赋能数据信息动态感知,对生产经营各环节以及生产资源要素的全生命周期进行全面数字化监控,提升辅助决策能力,实现企业生产经营状态实时监控及可视化展现。加速分析统计模式在数字化转型过程中的敏捷迭代,逐步将数据打造成为培育增长新动能和竞争新优势的一大"引擎",形成以数据引领业务转型的新形态。

三、业务管理数字化,提升作业循环优化能力

深入推进业务骨干系统建设,面向财务、党建、人力资源、合规管理等领域,提升协同管理的一体化、数字化水平。面向一线职工、站点开展系列数字化改造工程,实现数字化应用向管理末端延伸,推动多端业务场景数字融合。

第三节 数字化转型新型能力构建

一、构建用户交互能力,为业务发展奠定用户基础

通过构建用户交互能力,实现用户全景化,促进"巴士集团找到用户,用户找到巴士集团"的双向通路更加顺畅,驱动"用户触点—用户留存—用户分析—用户营销"的用户循环增长机制更加成熟,为巴士集团业务模式创新和业务价值增值提供坚实的用户基础。

(一)用户触点能力

能够实时动态响应数字化时代的用户需求,在业务方面不断吸引新用户,聚合巴士集团多类业务的用户资源,扩大巴士集团"有效用户"规模,为巴士集团业务发展引流。

(二)用户留存能力

能够对用户资源进行高效运营,向用户提供创新式、个性化的交互服务来维系老客户,并将已有客户转化为忠实客户,提高留存用户在巴士集团业务体系内的活跃程度。

(三)用户分析能力

能够从宏观把握各类渠道用户运营状况,从微观深入理解用户群组特征及用户行为,形成对用户需求的精准分析能力。

(四)用户营销能力

能够打造具备产品服务触达和营销交互能力的产品服务营销生态,通过对目标用户的精准营销实现用户在集团生态业务体系内的流量转化。

二、构建出行服务能力,推动行业良性创新发展

通过构建以乘客出行体验为核心的精准服务能力,为乘客提供精准的个性化出行服务和定制化解决方案。通过全链条出行服务能力建设,充分吸引个人消费者和企业用户群体,提升用户出行体验,挖掘用户需求,并将用户流量导入全链接生活服务能力,实现用户资源高价值变现。

三、构建协同运营能力,创造卓越运营业务全价值

通过构建以业务价值为中心的协同运营能力,为巴士集团提供开放共享的业务运营体系,实现出行要素数字化全覆盖的出行一体化营运、覆盖事前事中事后全链条的安全风险主动性管理、全周期综合精益化管控的车辆运维全面性管理。

(一)一体化营运能力

能够围绕"人、车、线、场、站、桩"等营运核心要素,构建出行要素数字化全覆盖的出行一体化营运管理能力,实现智能调度、智能驾驶、智能运

维、智能线网规划、智能分析,实时反映运营过程,提升业务灵敏度,提高营运效率。

(二)主动性安全能力

能够实现安全管控从"事后快速处置"向"事前及时预警"转变,降低车辆故障率和交通事故率,规范驾驶员安全驾驶行为,守住安全红线。

(三)全资源运维能力

能够实现车辆运维基础资源的一体化静态管理和车辆全周期动态管理,促进车辆运维全过程的综合精益化管控,实现资源运维的效率最大化和成本最低化。

四、构建业务服务能力,提高管理效率,打破职能壁垒

通过构建以流程优化为中心的高效管理能力,为管理者和员工营造卓越高效的工作体验,实现涵盖战略监测、经营监控、管理分析、行动执行四个方面的PDCA(计划—执行—检查—处理)闭环管理模式,促进财务、人力、采购的流程优化和管理服务化,释放更多精力聚焦战略增值业务;自动化办公提升领导和员工工作体验,协同管理打破各部门职能壁垒,最终实现对巴士集团关键管理流程的优化重构,建立管理服务标准,高效提升巴士集团管理效益、经营管控水平和管理层决策效率。

(一)智能决策能力

围绕PDCA经营管理闭环理念,把控巴士集团战略目标、监控经营管理现状、分析经营管理问题、落实整改行动措施,实现巴士集团总体层面的端到端闭环管控。使领导层充分洞察战略决策信息,使管理层实时分析业务运营情况,使执行层及时反馈基础业务信息,强化巴士集团精细化管理的核心竞争能力。

(二)共享服务能力

打通财务、人事、采购等业务的端到端流程,通过整合资源、统一规则、

拉通标准、打造平台,为各条业务线提供统一服务和支持,有效降低人工投入成本,发挥财务、人事、采购等业务的战略决策价值。

(三)协同管理能力

通过拉通党建、工会、资产、法务、风控等方面的协同管理模式,优化巴士集团管理流程,推动管理提升与创新,打破部门职能壁垒,实现管理对业务的赋能和服务价值。能够为巴士集团及下属单位的各级领导和员工提供集成的协同工作环境,将全业务流程的审批、授权、流转等环节由线下转为线上,实现无纸化办公的绿色智能工作模式。

第十六章　数字化转型探索与实践成果

第一节　提升运营管理水平——公交智能监控调度系统

一、建设背景

经过多年的建设和实际生产运营,广州公交智能监控调度系统已成为一个规模庞大、实用性突出、技术领先、运行稳定的系统,积累了丰富的实施、维护、运营经验。系统重点实现公交企业对线路运营和公交车的智能调度,以及行业主管部门的监控指挥。当前,系统已实现对广州市区所有公交车全覆盖,可获取公交车的实时位置及实时进出站数据。公交智能调度系统产生的公交运营数据,包括公交车的发班(路单)、进出站等数据,可应用于客流分析、财政补贴分配(公交里程审核系统)、市民公交到站信息查询("行讯通")等扩展系统。

公交智能监控调度系统迭代至今,已经历了四个版本的蜕变。1.0版本于2005年开始建设,2006年投入使用,1424台公交车纳入系统管理,实现了集中调度和系统辅助人工调度,大大节省了企业的人力资源。2.0版本于2007年开始建设,2008年投入使用,入库公交车达4200台,提供辅助分析功能,提高车辆调度效率和准确率,提高了运力使用水平和市民满意度。3.0 版本于 2010 年开始建设并投入使用,入库公交车达到 12000 台,根据广州 BRT 运营特点提供相应调度功能,实现了根据车辆到站情况进行自动调度的功能,大大减轻了调度人员的工作压力。4.0 版本于 2012 年开始建设,2014 年投入使用并持续优化,搭建云平台,支持 20000 台以上公交车接入,初步实现根据车辆进出站、车辆和站点客流、道路拥堵等情况进行智能调度和运力分配,并进一步向智慧化发展。

二、项目简介

公交智能监控调度系统利用 GPS(全球卫星定位系统)提供位置信息,借助 GPRS(数字移动通信网络)进行信息传递,辅以 GIS(地理信息系统)细化显示和线路简图概要显示,通过计算机数据处理技术整合而成。

公交智能监控调度系统主要由总监控调度中心、分监控调度中心、车载终端、电子站牌和通信网络组成。总监控调度中心是对广州市内公共交通的全部车辆进行监控调度的后台管理和信息交换中心,针对全市性突发事件、自然灾害等情形对全市公交车辆进行统一调度,为统一的信息整合提供平台。分监控调度中心是营运公司级的监控调度中心,对本公司车辆进行监控、调度以及排班。车载终端是安装于被监控的车辆,实现数据采集、信息显示、连接控制车内其他设备的智能装置。电子站牌安装在公交车站(包括终点站和总站),用于向候车的顾客提供实时的车辆信息。通信网络是实现车载终端和其他外围智能设施(如电子站牌)以及调度中心相互通信的网络链路(鉴于车辆的移动运营的需要,主要采用无线通信方式)。

根据调度业务的实际使用情况,本系统采用三层结构,上层为网络与用户现有系统接口,中层为各管理系统,下层为站台、中心及相关外接设备,通过网络连接各点,对信息、数据进行网络通信和管理。

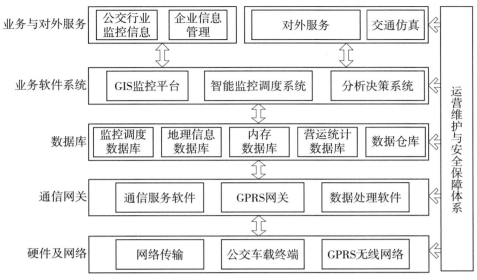

公交智能监控调度系统架构

三、应用成效

公交智能监控调度系统实现了线网规划、客流统计、客流分析、计划排班、监控调度效果分析的闭环管理以及电子站牌、公交车到站情况实时查询。经过多年的建设和实际生产运营,智能监控调度系统已成为一个规模庞大、实用性突出、技术领先、运行稳定的系统。

通过对公交智能监控调度系统的不断完善,优化系统性能,从原来的纯人工调度模式转变为人工+自动化调度方式,实现了部分线路全自动调度,减轻调度员的工作负担。从"无法掌握路况和客流信息,全凭经验进行调度,容易造成排班矛盾;无法及时掌握发班情况,对经营分析滞后,对问题无法及时处理,造成无法挽回的损失;无法对发班、超速、飞站等情况进行监管;无法做中间区间调度发班,容易造成空驶里程"转变为"一个人管多条线;可根据车辆运行和外部数据进行调度,可提前调度;实现计划调度,根据排班计划自动发班;根据给定的运力资源和车辆动态信息,根据预设条件进行发班;根据路况和客流及历史数据分析,配置驾驶员和车辆运力资源,并自动进行发班,可根据多线路调配",实现了效能提升。

第二节　提升运营自动化水平——公交自动排(发)班系统

一、建设背景

随着智能调度系统的全面推广应用,调度模式发生了较大变革,效率得到较大提升,但是仍存在不足,如在驾驶员到站反映、站长更改调度方案、其他通信反馈等方面反馈速度慢,历史客流数据、路面状况变化获取方式单一导致数据可靠性低,缺乏数据模型分析,趋势预测精准度低。

为此,广州公交集团从2017年开展自主大数据客流分析和公交自动排(发)班系统建设,并于2019年开始全面推广应用。以此进一步加强公交运营的精细化管理,利用公交智能调度监控系统的历史运行数据、公交实时到站预测数据、"羊城通"卡交易数据,融合车辆、道路、天气等多元数据,结合企业运营经验、生产规律和行业主管部门服务要求等,通过大数据融合分析等技术手段,实现行车作业计划、运力优化、车辆调度等生产经营业务的精细化管理,解决数据采集分析滞后、决策调整周期长等业务痛点,不断提高决策的效率和科学性,为企业提升运营效率及资源优化等决策赋能。

二、项目简介

公交自动排(发)班系统包括排班管理、排班计划管理、竞争客流排班、运营仿真、周转时间统计、监控简图、监控调度、发班参数设置、分段校时管理、应用评价等功能模块。

自动排班子模块依靠广州公交"智慧云脑"大数据平台提供的客流数据和预先设置的排班参数(满载率、最小发班数等),生成线路最优排班计划;同时,可依照线路行车资源进行运力配对,根据时段满载率高低进行时空班次自动匹配,自动重算行车计划,实现最优运力资源与实际运力资源的最优排班方案,输出一个可执行的发班行车计划。动态发班管理子模块基于自动排班子模块生成的行车作业计划,融合车辆、道路、天气等多元数据,根据运营时遇到的实际情况动态调整发班计划,实现对车辆的动态调度。应用评价子模块从线路指标评价、单位线路汇总指标、自动发班效果应用评价等维度进行评价。

三、应用成效

(一)客流数据分析方面

一是通过建立反推模型,利用客流大数据分析上下车点。二是结合更多与公交客流相关的数据(如地铁客流数据)辅助提升推导准确率。三是通过其他客流采集手段和方式进行辅助校验。基于以上手段,持续优化公交卡数据反推模型,最终实现精准判断站点上下车人数(断面通过量)及客流OD,实现了90%以上的准确率;在具备足够丰富的其他交通客流数据情况下,可实现95%以上准确率。

(二)自动排班方面

自动排班参数设置保障基本服务需求,包括实现高断面所需车次计算、区段非常规任务使用确认、判断是否符合发班需求、通过高峰的时段车次判别所需车数(全天车数)、通过低平峰需要的车次判别低平峰车数(双班车数)、通过各时段周回运转时间计算配车。

业务人员提前设置好车厢容量、车辆最高工时等硬性参数后,结合每条线路的实际,设置上下行的首末班时间、线路运营时长、出车时间、停站、满载率、吃饭时间等运营参数,结合客流情况,系统将自动生成排班计划。此时生成的计划可能不是最优的,所以业务人员需要通过线路运营仿真模块进行验证及修正,并根据调整后的排班计划配置人员、车辆,最后生成排班车位图。

除了常规线路的自动排班功能外,智能调度系统还能实现对竞争线路进行排班,并通过量化指标进行检验评估。如84线和84A线在竞争排班后,配车数减少7.5%,全天车次减少9.3%,全天停站时间减少约11.1%,发班间隔整体增加约9.8%,有效提高营运效益。

在动态自动发班方面,系统依据精准的客流数据、实时路况情况、历史周转数据和大数据时段班次分析,自动发出发班调度指令。如自动发班出现实际线路周转时间与计划存在偏差时,系统会自动重新生成发班计划;如出现偏差过大的情况,系统还会发出警报,提示由智能调度员人工介入并调整。智能调度员的工作由主观调度转变为监控调度,大幅减轻调度员工作强度。

经济效益提升方面,截至2023年12月,巴士集团中心区线路自动发班率已提高至95%,为减少调度人员提供了技术支撑,年度人工成本呈百万级下降。

第三节 提升运营智能分析水平——公交经营分析系统

一、建设背景

随着公共交通行业的快速发展,市民对公交运营效率和服务质量的要求不断提高。通过提升运营智能分析水平,可以更好地适应行业发展趋势,满足消费者对公交服务的需求。公交企业在日常运营中会产生大量的数据,包括客流量、车流量、路线规划、票务收入等。通过建设经营分析系统,可以更好地积累、整理和分析这些数据,挖掘出其中的潜在规律和优化点,为企业的决策提供更加可靠的数据支持。随着城市交通政策的不断调整和优化,公交企业需要不断适应政策变化并作出相应的调整。通过建设经营分析系统,可以更好地了解政策走向和市场需求,为企业的战略调整提供支持。同时,随着大数据、人工智能等技术的不断发展,智能分析已经成为行业发展趋势。通过建设公交经营分析系统,可以紧跟技术发展趋势,提高企业的技术水平和竞争力。

二、项目简介

广州公交集团公交经营分析系统建设项目涵盖了准公共性板块的经营和服务类统计及业务流程处理的建设,具备基础数据查询、预警、系统管理等多项功能。公交经营分析系统集中了一汽公司、巴士集团、客轮和站场中心的数据,形成集中维护、统一对外的公交综合经营分析管理系统平台。

公交经营分析系统的用户主要有广州公交集团领导及巴士管理部、各公交企业、客轮、站场中心等相关管理者与工作人员。广州公交集团领导可通过本系统,从集团层面掌握各公交企业经营情况和公交线路经营情况,包括收入、营运和服务三大方面;广州公交集团巴士管理部对各家公交企业、公交线路、公交车辆、水巴船只、站场情况等进行基础管理,对相关的经营业务进行审核,通过系统实现车辆、线路等新增、维护等流转处理功能,并能提供预警功能,更好地管理公交企业车辆、线路、从业人员;系统涉及的企业主要有公交企业以及客轮和站场中心,相关企业需要向系统提供数据,并需要进行有效及时的更新维护。

广州公交集团公交经营分析系统主要由数据接入处理子系统、基础数据管理子系统、画像分析子系统、补充录入上传子系统、数据查询统计子系统、业务审批登记子系统、信息预警发布子系统、系统管理设置子系统、用户登录管理子系统、移动端数据展示子系统、可视化展示子系统等构成。

(一) 数据接入处理子系统

对系统接入、采集的数据进行处理,主要包括数据抽取转换与加载、数据质量管理、数据交换模块、基础数据维护等功能板块。

(二) 基础数据管理子系统

对系统数据进行管理维护,主要包括机构基础档案管理、人员基础档案管理、车辆基础档案管理、船只基础档案管理、线路基础档案管理、站场基础档案管理、码头基础档案管理等功能板块。

(三) 画像描绘分析子系统

对各类属性画像进行分析,主要包括机构画像记录、人员画像记录、车辆画像记录、船只画像记录、线路画像记录、站场画像记录、码头画像记录等功能板块。

(四) 补充录入上传子系统

对仍需要手工填报的数据进行补充录入,主要包括数据模板设置管理、补充数据录入上传等功能板块。

(五) 数据查询统计子系统

对系统数据进行查询,主要包括数据查询报表、预算收入分析统计、经营情况分析统计、服务情况分析统计等功能板块

(六) 业务审批登记子系统

处理系统覆盖的相关业务,主要包括业务流程设置管理、城市公交线路调整审批、环境综合整治等功能板块。

(七) 信息预警发布子系统

提示预警信息,主要包括基础数据维护更新预警、流程工作更新预警等功能板块。

(八) 系统管理设置子系统

进行系统管理设置,主要包括角色管理、用户管理、权限管理、菜单管

理、资源管理、日志管理等功能板块。

(九)用户登录管理子系统

用于管理用户登录,主要包括用户登录体系、忘记及修改密码、用户退出机制等功能板块。

(十)移动端数据展示子系统

在移动端进行数据展示,主要包括数据报表展示、统计报表导出、水巴乘船人数登记录入等功能板块。

(十一)可视化展示子系统

对整体系统进行可视化展示,主要包括界面可视化、数据可视化、流程可视化、基础位置信息可视化等功能板块。

三、应用成效

广州公交集团公交经营分析系统在提高公交运营效率、优化公交服务、降低运营成本等方面具有显著的应用成效:

(一)提高运营效率

公交经营分析系统通过实时监控公交运行状况,对运营数据进行深入分析,能够发现运营中的瓶颈和问题,及时调整运营计划,提高公交车的准点率和运行效率。

(二)优化公交服务

通过分析乘客需求和行为,公交经营分析系统可以为乘客提供更精准的公交服务,如更合理的班次安排、更紧密的时间间隔等,提高乘客的满意度和忠诚度。

(三)降低运营成本

通过对运营数据的分析,公交经营分析系统可以帮助公交公司更有效地管理人力、物资等资源,减少浪费和不必要的支出,从而降低运营成本。

(四)提高决策支持能力

公交经营分析系统可以为公交公司管理层提供全面、准确的运营数据支持,帮助做出更科学、更合理的决策,如投资决策、线路规划等。

(五)增强应急响应能力

通过对历史和实时数据的分析,公交经营分析系统可以预测和识别潜在的运营风险和安全隐患,提前采取应对措施,增强公交公司的应急响应能力。

总之,公交经营分析系统的应用能够有效提高公交运营效率和服务质量,降低运营成本,增强决策支持和应急响应能力,为企业的可持续发展提供有力支持。

第四节　提升出行服务品质——公交社区

一、建设背景

随着社会发展及公共交通出行方式变化,市民对公共交通服务的需求已不仅仅局限于传统的乘车服务,对个性化、多样化、多元化服务的要求日益凸显,传统公交服务已不能满足市民。然而,长期以来,广州公交集团下属各公交企业与乘客的沟通大都停留在电话处理投诉、回复投诉层面,存在服务方式、服务内容相对单一的问题,未能与乘客建立更广泛、持续有效的沟通联系,因此难以实现对乘客的群组化、资源化管理,无法针对乘客特点给予个性化营销推荐,公交服务亟待升级。

为实现信息技术在公交服务中的全面应用,充分发挥互联网方便、快捷的优势,打造线上统一的广州公交集团公交客户服务信息入口——公交社区,建立便捷、高效、优质的客户沟通渠道,实现"我的公交我做主"的智慧智能公交。通过公交社区平台建设，一方面可以利用互联网多人协同、便捷、高效的优势，拉近企业与乘客间的沟通距离，增加沟通渠道，提高沟通效率，实现市民对线路、站点、车辆服务质量的点评互动，从而提升公交服务体验感；另一方面利用平台智能客服深度学习技术和庞大的语料库实现乘客向用户的转化，实现乘客用户化、用户组群化，通过展开实时用户画像，可以针对不同用户组群给予多样化、个性化的服务信息推送，在进一步挖掘客户价值的同时，实现精准服务、精准营销，推动公交出行与生活消费的融合创新。

二、项目简介

公交社区平台聚焦公交出行服务功能，融合巴士集团创新业务，致力于打造公交出行综合门户，为乘客提供主动式、智能化服务，有效实现线上、线下业务融合发展，全面提升平台的综合服务质量。

公交社区平台采用"互联网+公交"的创新模式，以微信小程序为载体，为广大市民提供便捷、快速、全方位的服务。从传统的"乘客—电话客服—营运企业——一线服务人员"低效服务模式转变为更加直接的"乘客——一线服务人员"模式，提升整体服务水平与效率，并以乘客末端需求为突破口，吸引乘客，建立乘客与企业的直接沟通渠道，采集乘客的实际出行需求，分析与挖掘用户需求，提升整体出行服务水平。

三、应用成效

一是通过平台模式挖掘潜在客户价值、优化出行服务经营业态，让市民有更好的出行体验，针对高端客流的创新业务实现高效发展，平台用户规模增长，保障营业收入稳定性。二是利用大数据技术和智能算法为乘客提供随需定制的创新服务，完善行程丰富的班线及车辆资源，提高增值服务收入。三是通过一站式出行平台打破各出行业态之间的壁垒，发挥资源协同价值。四是通过一站式出行平台提升乘客全过程出行效率和体验，最大化节约出行时间，提升出行全过程的个性化和定制化体验。五是通过平台协同实现对出行全链条的驾驶员、乘客行为的实时动态监控，保障交通出行安全和市民出行体验。六是通过出行生态平台带来的用户流量，实现各出行服务模式的互补，共同创造生态协同价值。

在交通主管部门的支持下，公交社区平台已承接广州中心区所有公交企业的线上服务功能，不管搭乘哪一路车，都可以在公交社区平台上找到客服、找到同伴。截至2023年底，公交社区平台累计用户数达141万人，伴随着公交社区平台二期的建设和应用，将进一步增加平台功能及乘客对平台的黏性。

平台的应用，既避免了投诉的发生，又使企业管理人员直接了解乘客的实时想法。同时，公交社区平台引入智能话务、智能客服等技术，为减少传统客服岗位提供了技术支撑，降低客服岗位人工成本。

第五节 提升安全管理水平——公交可视化安全管理平台

一、建设背景

党的十八大以来，以习近平同志为核心的党中央多次强调安全生产，对安全生产红线高度重视，强调人命关天，发展决不能以牺牲人的生命为代价，这必须作为一条不可逾越的红线，并在党的二十大中鲜明提出"以新安全格局保障新发展格局"的重大要求。

新时代对安全生产工作提出了新的要求。城市公交安全生产管理存在"点多、线长、面广"的管理难题，来自交通参与者、驾驶员以及道路环境等多方面的安全因素影响和叠加,事故风险无处不在,如何高效和高质量地开展安全管理工作值得深思。传统的经验主义管理和人工管理,往往存在滞后,事故发生后才采取措施"亡羊补牢",是低效的"事后处理"模式,且事事靠人去执行落实,企业的管理成本过高,存在许多弊端,不适应新时代安全工作需求。

为提高安全管理效能,广州公交集团指导巴士集团创新运用行为识别、防碰撞、物联网和移动互联网等新技术,与公共交通安全领域深度融合,在广东省交通运输厅和广州市交通运输局的指导下主动开展新型"公交可视化安全管理平台"项目,充分发挥信息化技术"可记录、可追溯、可量化、可比较"的特点,对"事前预防、事中控制、事后评价"闭环管理环节的安全数据进行深入挖掘分析,运用信息化工具逐层逐级抓安全防控工作,形成一体化管理,促进安全管理效能提升。

二、项目简介

公交可视化安全管理平台涉及安全动态监控、云总线、安全一线一册、驾驶员岗前管理、一线三排、事故(违法违章)处理、服务管理七大子系统和车载设备功能性改造。

(一)安全动态监控

一是通过对接预警行为数据及优化分级,干预处理流程。二是基于新的技术框架体系重构新组织架构下的分级权限管理。三是车载智能视频设备程序版本一致性的升级,以保证公交可视化安全管理平台应用数据来源的准确性和一致性。

(二)云总线

在巴士集团指定的服务器上进行云总线平台及基础组件的本地化部署、车载设备核心板程序的升级、各类车型 CAN 协议解析和适配。同时,制定设备线路文件标准,统一巴士集团安全数据项的采集和应用监控等内容。

(三) 安全一线一册

基于安全一线一册系统建设应用的相关经验,并结合管理需要,进一步优化线路一线一册的设置标准,强化分段限速和不按规范操作等驾驶行为的识别捕捉和分析,为各级安全管理人员提供全方位、一体化的数据支撑。

(四) 驾驶员健康管理

基于驾驶员岗前管理的功能,进一步强化涉及驾驶员身心健康的静态和动态指标的闭环监控管理,通过优化整合,实现对重点关注驾驶员的分类分级管理及健康状况的动态监控。

(五) 一线三排

结合巴士集团针对隐患自查自报自改、分级分类、建档备案、闭环管理流程的相关要求,进一步对系统进行升级改造和整合,实现隐患网格化分级管理,做到横向到边、纵向到底、责任到人、层层落实,提高隐患管理的实效性和时效性。

(六) 事故(违法违章)处理

基于安全一体化技术框架重新构建事故(违法违章)闭环处理的信息化系统,实现事故(违法违章)处理过程资料的管理、相关闭环处理流程的标准化,同时增加事故经济台账(含借款、冲账)相关内容,进一步完善事故全闭环管理。

(七) 服务管理

结合巴士集团安全服务管理的需求和对公交社区整合的要求,重新建设并集成于公交可视化安全管理平台,从而实现各单位服务管理应用和业务流程的规范统一。

(八)车载设备功能性改造

车载设备功能性升级改造,包括海康智能视频 GPS 数据对接、驾驶员考勤(人脸识别)改造与数据对接、手麦对讲设备协议适配性改造与对接、自动语音提醒适配性改造与协议对接等。

三、应用成效

在建设公交可视化安全管理平台时,明确以"发现隐患—消除隐患—效果跟踪"的安全管理思路构建该项目,围绕"人、车、线、站"的管理和风险管控深度开发,建成集基础管理、岗前健康、行为监控、线路评价、一线三排、安服管理等功能于一体的公交可视化安全管理平台,主要的应用情况和成效如下:

(一)打通数据壁垒,连通基础管理数据渠道

为快速、精准获取"人、车、线、站"基础资料,在公交可视化安全管理平台开发前期,首先设置了"基础档案子系统"模块,对接人力资源档案、车辆基础档案、线路档案、站点档案和调度系统等信息化基础资料,为系统快速、精准获取基础信息提供了技术支持,杜绝了以往各类系统"分别运作、数据不通"的局面,实现"人、车、线、站"信息的实时获取。

(二)创新"事前预防"方式,源头严抓驾驶员健康管理和教育质量

公交驾驶员作为承担城市公共交通服务的重要群体之一,肩负着千万乘客出行安全的重大责任,其身心健康直接关系到公共安全和社会稳定。近年来,公交行业陆续发生了由驾驶员心理、身体健康问题导致的事故,造成极为惨重的伤亡和严重的社会影响,其惨痛教训犹历历在目。为此,广州公交集团指导巴士集团创新严抓驾驶员身心健康管理和技能教育。

一是建成"岗前管理"子系统,将驾驶员健康管理纳入安全管理事前预防范畴,构建驾驶员健康"静态"和"动态"监管相结合的管理体系。静态

管理方面,对驾驶员历史体检、病史、心理评估等资料和信息数据进行分级监管,对驾驶员身心健康进行分级分类,实施监测;动态管理方面,购置健康检测设备,落实驾驶员岗前检测血压、酒精、体温等重要健康项目,并将检测结果接入系统,通过微信端实时将驾驶员监测信息通知到个人及管理人员,及时对异常健康情况进行评估和干预,有效预防驾驶员"带病上车"或"精神不佳上车",形成驾驶员健康管理"静态"和"动态"相结合的"互联网+健康管理"管理模式。二是建设驾驶员"微教育"子系统,基于驾驶员画像,实现精准教育,定期制作教材、考卷并在"微教育"平台推送,实现"线上教育",让驾驶员通过手机随时随地学习安全知识和掌握安全技能,不断提高驾驶员安全意识,改善驾驶行为,助力加强安全教育工作,提升事前预防效能。

通过实施"事前预防"监管信息化,巴士集团没有出现过因驾驶员心理问题危害公共安全的问题,近三年驾驶员猝死人数逐年下降,慢性病人员数量逐年可控,驾驶员行车作风和防御性驾驶意识提高。

(三)筑牢"事中控制"监管,严抓"人、车、线、站"的生产过程监控

在"人"和"车"的监管方面,在平台上配套建设驾驶员"动态监控"和"视频抽检"子系统,设定对超速、疲劳、打电话、抽烟、急转弯等49种驾驶行为的判断标准和分级预警标准,并对各级预警设定了信息化处理流程的规范,增加了预警误判信息清洗功能。当驾驶员触发预警时,进行信息化过滤筛查,将精准的预警信息通过车载设备提醒驾驶员,并推送至监控人员、车队长、管理人员等进行后续的人工介入处理,加强了对疲劳、超速等风险行为的及时处置和闭环管理。

"线"的监管方面,建设了"一线一册"子系统,围绕驾驶员行车过程的"9大场景"(总站起步时;变更车道时;行经桥墩等阻碍行车视线的路段时;遇逆行的自行车、电动车或摩托车时;正常道路超越同向前进的自行车、电动车或摩托车时;进出站时;行经斑马线、路口、缺口时;中途站上下客或长时间停车时;到达总站时),设置驾驶员标准化操作判别逻辑,共设置4.15万个操作评价点,录入1012条线路,每天将操作规范推送给驾驶员,并对急加(减)速、门未关起步等25个操作行为进行系统量化评价,科学客观地评定驾驶员行驶时的安全水平。

"站"的监管方面,创新性地建设"一线三排"子系统,将总站基础资料信息化并分级分类,实现现场扫码即可掌握站点风险内容、现场检查、跟踪整改,并设置三级网格管理人,多层级把关整改质量。有效预防生产经营场所隐患的漏检、少查,防止风险加剧。同时,通过系统如实记录各级人员排查情况,便于对各级人员的检查质量、检查频次、检查内容以及检查整改效果进行追溯和比较,实现了隐患消除的闭环监管和效能评估。

通过对"人、车、线、站"的生产过程信息化监控,巴士集团近年安全生产实绩数据同比均有不同程度的提升。

(四)推行"事后评价"管理,严抓管理人员"网格化"管理闭环

在事前预防和事中控制的基础上,针对"事后评价"构建"安服管理"子系统,对安全管理人员的日常管理进行信息化监管。安全工作做得好不好、安全工作做得到不到位、事故违法有没有跟踪闭环,全部可以通过系统进行抽检评价:

一是对事后评价资料实施规范化管理。对事故、违法、违章等谈话资料、上传格式、上传时限等设定了规范标准。

二是对事后评价资料实施信息化管理。要求有关安全管理人员通过系统将有关教育处理的全过程资料(含谈话内容、谈话图片和谈话视频/音频)上传至系统。

三是对事后评价资料实施网格化层级审核。通过系统对安全管理人员的谈话教育内容进行抽检,对质量不过关的材料实行"回退"机制,并对安全管理人员的管理行为进行考核、通报,倒逼强化管理措施。充分利用信息化手段"可记录、可追溯、可量化、可比较"的功能,消除事后管理"上热、中温、下冷"的现象。

第六节　提升业财融合管理水平——财务预算控制系统

一、建设背景

随着出行方式的多样化，公交行业经营环境面临巨大挑战，有效控制企业成本成为公交企业发展的重要指标。巴士集团成立后，迫切需要通过信息化手段加强对成本的控制管理，进一步优化管理流程和提升管理效能，实现传统企业数字化转型。财务预算控制系统基于财务预控管理体系框架，实现信息化系统扩展性开发和实施，实现巴士集团层面的系统整合，并按照财务成本分析、考核"一体化"的原则，围绕管理过程的数据化、精细化、扁平化的要求，目标是把财务预算控制系统打造成为集数据接入、处理与应用分析服务于一体的集团性综合成本管理系统。

二、项目简介

（一）将巴士集团生产成本要素和监控管理流程数字化，提高管理效率

财务成本分析如完全依靠人工，则会耗时长且准确性不高，只能实现粗略的数据分析。为提高管理效率，需要依托现有管理体系，根据业务变化和管理分析要求，进行财务预控管理体系的建设及推广应用，统一成本指标计算口径，实现数据标准化工作，形成标准成本预控考核与分析管理体系。财务预算控制系统推广到巴士集团下属各单位开展应用，为生产经营、成本控制等决策分析提供数据支撑。

(二)巴士集团全生产数据链条的归集,提高数据分析精度

财务预算控制系统作为企业内部管理的顶层应用服务,归集了巴士集团会计数据、人车线基础数据、营运生产过程数据、人力工资提成数据、考勤数据、燃耗电耗技术数据、车辆指标数据、预算数据,作为中枢,具备精准高效的数据收集、处理、分析能力。

(三)建立零死角的成本数据分析体系,助力企业可持续发展

通过不同的分析维度,对总体指标、分项目指标、部门人工成本、全员人工成本、驾驶员人工成本、其他人工成本、营运车动力成本、营运车报修轮胎成本、营运车折旧成本、营运车保险事故成本、财务费用、经营费用、单车成本等进行分析,并对巴士集团下属各单位进行横向、纵向对比,发现成本黑洞,帮助企业制定成本控制管理措施。

第七节 提升数据资源管理水平——数据中台

一、建设背景

由于巴士集团及下属单位生产经营数据来源渠道较多,生产数据和内部价格数据等分散存储于企业内部各独立信息系统之中,各层级的数据共享程度不高,随着巴士集团资源优化和数字化转型工作的深入推进,获取生产经营数据的需求不断增加及上级主管部门对数据交互完整性要求的不断提升,巴士集团现有的数据处理架构及技术已无法完全满足数据管理的需要。加快推进数据处理与集中管理,引入大数据处理技术,成为巴士集团提升数据资源管理效能的首要工作。

广州公交集团指导巴士集团从全局进行统一规划,统一建设,搭建一套涵盖数据源管理、任务调度管理、数据规范管理及集成数据应用和开发门户的全过程管理平台,可实现数据ETL(提取、转换、加载)、数据处理(任

务调度)、数据治理、数据应用、数据可视化展现、数据输出等环节的数据全生命周期管理,使得巴士集团各业务数据得到有效管理,最终实现数据资产化。

二、项目简介

(一)构建数据应用管理体系

1. 数据汇聚

建设以数据中台为核心的大数据平台,实现全域数据资源高度融合,以及数据资产平台化。

2. 数据治理

推动数据资源管理相关制度建设,建立数据标准化管理体系和数据资产目录,确保数据质量持续优化。

3. 数据融合

基于行业洞察进行数据建模,针对各类业务场景构建数据、算法模型体系,通过数据融合挖掘、沉淀数据资产。

4. 数据共享

建立数据资产共享机制,探索数据资产的潜在价值。

5. 数据驱动

通过数据汇聚、治理、融合、共享,实现数据与业务的深度关联,并基于数据价值驱动业务转型,同时以业务推动数据资产增值,以数据反哺业务迭代升级,以此打通企业核心业务系统数据,满足巴士集团决策支持的需求。从巴士集团层面统一所有数据,实现数据OneID(统一身份),帮助下属单位孵化新兴业务,避免因"部门墙"导致业务止步不前。"部门墙"被打破后,通过数据碰撞可以孵化出新业务;同时,数据指标可以对业务发展进行量化,为业务发展指明方向,便于业务部门及时调整,小步快跑。

（二）建设数据核心枢纽

通过大数据技术，实现全域生产作业数据汇聚、标准化清洗、分析挖掘、可视化展现、定时调度以及高速、高质的数据共享，将数据中台打造成公司数字化管理的核心枢纽。以此实现生产作业数据的全局管控，打造巴士集团统一数据仓库，形成数据资产层，搭建数据应用"高速公路"，降低数据使用门槛，支撑业务部门和直属单位的数据共享和集中应用开发全流程场景需求，同时助力推进业务一体化管理。通过数据中台逐步提升数据化管理与巴士集团生产能力，提升巴士集团运行与决策的科学性，打造核心竞争力，沉淀业务、技术和数据，最大限度上发挥数据资源的价值，做到"用数据说话、用数据管理、用数据决策、用数据创新"。同时，全面提升数据资源管理效能，引入大数据计算引擎，提高数据计算效率；规范数据分层，减少重复计算，提高计算结果复用性；统一元数据管理平台，对数据进行统筹和集中管理；统一数据调度平台，实现数据任务作业具备自动化调度能力，并全面提升数据任务作业的容错性、稳定性和准确性；实现数据资源集约化管理，提升数据共享应用和分析挖掘的效率。

巴士集团数据中台包含平台管理中心、任务编排调度中心、数据管理中心、数据采集交换中心、数据质量校验中心、计算引擎管理中心、存储与计算中心、数据仓库、数据共享中心、数据应用中心及平台监控中心共11个模块。

1. 数据模型体系建设

形成基于行业洞察的数据建模体系，针对每个业务领域建模，确保充分体现数据加工的业务价值。包括建立分层数据模型，构建主题库、专题库，建立指标体系、算法模型等。

2. 建立数据采集能力

融合内外部数据，形成企业级数据资产池。批量、动态采集结构化数据、非结构化数据；将集团现有业务数据纳入数据中台，同时将行业、监管、乘客等外部数据纳入数据中台，实现数据标准化和关联融合，形成集团全景数据视图，为内外部数据资产共享打下基础。

3. 建立数据加工能力

通过批量数据加工与输出，快速响应业务需求。对原始明细数据、标准化明细数据和共性加工数据进行批量加工计算，按标准化数据模型存储，基于企业级数据主题模型设计标准化数据模型；搭建分布式、高性能、可弹性扩展、高可用、易用的基础数据平台，快速响应多样化的业务需求。

4. 建立数据资产管理能力

完成数据资产化建设，赋能巴士集团，使其具有统一数据中间层、数据分析快速响应能力。数据资产化建设内容包括数据资源盘点、数据建模、指标体系建设。通过数据资产化，清楚便捷地掌握当前的数据资产状况，为数据服务、数据治理等管理过程提供决策依据。

5. 数据共享管理

开展数据共享和交换，发挥数据内外部价值。通过数据共享管理实现数据内部共享（内部跨组织、跨部门的数据交换）、外部流通（企业之间的数据交换）、对外开放，打通巴士集团内部各部门间的数据共享瓶颈，按照统一规范的数据标准与数据共享制度，将符合共享开放层级的数据以合规、安全的形式完成共享交换和发布。

三、应用成效

截至 2023 年 12 月，广州公交集团已将巴士集团下属运营单位涵盖基础档案、营运生产等主要板块、多达 5700 项的业务数据接入中台，形成运营日报、公交营运对比等 100 余份常用报表，面向广州公交集团大数据平台和属下各单位共享开放 60 余个实时接口，实现了由"数据拼凑汇集"到"数据高度融合"，已初步形成数据一体化管理体系。

第八节 提升一线数字化应用水平——智慧站务房管理平台

一、建设背景

过去,大部分数字化转型工作都聚焦在业务管理层面,转型成果未能传递到生产一线,基层车队的日常运营管理仍以传统的作业模式为主,存在管理层级多、业务流程复杂、工作效率偏低、信息传达不及时、大量纸张浪费等问题。

为加快推动公司数字化转型工作向管理末端延伸,满足扁平化管理工作要求,广州公交集团指导巴士集团从企业全局出发,统一规划、统一建设一个覆盖驾驶员、车队长和管理部门的智能应用系统,利用5G通信、人脸识别、语音识别、OCR(文字光学识别)等技术,实现日常工作的任务签阅、资料报送、信息查询等,实现一线业务办理的数据化、无纸化,打造成"一站式"办事窗口,实现"职工少跑腿",让一线职工充分享受到数字化转型的应用成果。

二、项目简介

智慧站务房管理平台通过站务房交互终端和展示大屏实现信息传达、通知签阅、上班考勤、物品发放等,主要由智慧站务房管理系统和一点通管理系统支撑运营。

其中,智慧站务房管理系统具有健康检查、信息发布、营运管理、办事大厅、人脸识别考勤等功能模块。一点通管理系统是一个覆盖驾驶员、车队长和管理部门的智能应用系统,具有驾驶员出车前"三交代"、健康申报、车辆每日检查、文件传阅、办事大厅、信息查询等功能模块。

以往,业务部门要将信息传达给驾驶员时,需要印发纸质版通知送到各公交总站,现场管理员监督驾驶员签名后,月底收集并交回业务部门汇总存档。驾驶员的健康申报、出车前"三交代"和出车前车辆检查等检查表也是由现场管理员定期交到业务部门。

有了智慧站务房后,实现了业务部门、现场管理员和驾驶员之间的信息实时传递,大大方便了生产一线的日常作业,提高了工作效率。

三、应用成效

该系统在巴士集团属下各单位推广使用,基本达到了预期效果。

(一)实现了信息互通

车队长、站务员等一线管理人员能够实时掌握驾驶员、车辆等实时状态信息,实现对基层管理的全过程监管,既改善了一线管理者和职工的作业环境,又为企业数字化转型提供底层基础数据支撑,有效助力企业数据管理体系建设和数字化转型升级。

(二)提升了工作效率

驾驶员的健康管理、文件传阅,车队长的日常自查管理,站长的事项督办等日常作业均实现了无纸化,进一步提升了一线工作效率。

(三)实现了管理标准化

改变了原来各单位管理制度、管理流程不一致的情况,统一了车队管理的流程,实现了车队管理的标准化。

(四)节约了企业成本

通过线路置换、站场资源的整合,将原来一个总站由多个单位各自管理的情况,统筹调整为一个单位管理,节约了人工成本。系统应用后,除提高一线工作效率外,也节约了成本。中心区将减少大量站务人员,每年可节约人工成本超 200 万元,分公司、车队纸质资料印制成本也大幅压降。

第五篇

创新发展 多元公交

第十七章 丰富"如约巴士"服务内涵

为适应新时代综合运输体系发展和迎合市民出行消费新需求,切实践行供给侧结构性改革,推动"国家公交都市"建设,广州公交集团属下各公交企业自2015年7月起,大胆创新公交服务模式,以"一切如约而至"的服务理念,向市民推出"如约巴士"定制公交服务。首条定制公交试验线路"锦绣半岛—五羊邨"于2015年5月试运行;2015年7月27日,"广州定制公交"平台正式上线;2015年8月,广州第一条定制公交线路"中山八路—映日路"正式开通。

广州公交集团组建以来,充分发挥各公交企业合力优势,深入推进供给侧结构性改革,在原有基础上不断丰富"如约巴士"服务内涵。截至2023年,广州公交集团累计开通运行定制公交线路超过2100条,服务覆盖143个社区、212所校园、110个企事业单位、62个园区、29个景区和10家医院。

第一节 推出"如约助学"专线

一、工作背景

2020年3月12日,教育部发布《幼儿园新型冠状病毒肺炎防控指南》和《中小学校新型冠状病毒肺炎防控指南》等文件,提到由家长在开学后尽量驾驶私家车接送孩子上下学,或让(陪伴)学生走路上下学,尽量避免乘坐公共交通工具,预防交叉感染。

为助力广大学生安全返校学习,广州公交集团在2020年春季开学之际,总结推广复工复产"如约"定制出行服务成功经验,面向广大学生和家长推出"如约助学"定制公交服务,量身定做"一人一座、一站式直达"的返校(家)接送专线,以期降低乘坐其他公共交通工具因换乘和接触陌生人可能发生的交叉感染风险,同时解决家长不便驾驶私家车(打车)接送或让(陪伴)学生走路上下学的问题,为广大学生和家长提供安全、绿色、方便、舒适的出行服务。

二、工作措施

(一)广泛宣传

一方面,为让广大家长、学生和教师知晓"如约助学"定制公交服务,广州公交集团向广州市教育局致函,介绍复工复产"如约"定制出行服务开展情况及"如约助学"服务专线使用车型,并商请广州市教育局对"如约助学"服务给予指导和支持,向各区教育部门和学校进行宣传,并广泛收集学生和家长的接送需求,得到广州市教育局的认可和支持。

另一方面,在服务专线推出前及推出后的关键节点,与各大媒体、行业主管部门及广州市人民政府国有资产监督管理委员会积极联系,借助新闻媒体及企业自媒体进行广泛宣传,扩大"如约助学"定制公交服务的影响力。

(二)规范票价

为进一步规范"如约助学"定制公交票价,向广大师生提供更加规范、便捷的定制公交出行服务,组织各公交企业研定票价核定指引。

(三)制定服务指引

一方面,制定业务洽谈服务指引,便于业务推广人员在接听市民咨询电话时向市民清晰讲解,如已开通线路的乘车指引和申请开行新线路的指引。另一方面,制定管理部门宣传服务指引,供交通主管部门、教育部门和各区政府了解服务情况并协助宣传。

(四)争取管理部门支持

积极与行业主管部门、教育部门及公安交警部门等管理部门沟通协调,为"如约助学"定制公交服务的顺畅开展创造良好的环境。

三、工作成效

"如约助学"定制公交服务推出以来,取得了较好的社会效益及一定的经济效益,得到学校和广大师生、家长的认可,获得广州市委、市政府主要领导的高度评价,并被中央广播电视总台、新华网和《人民日报》等40多家知名媒体广泛报道。

第二节 聚焦"七个服务"

一、工作背景

2022年1月27日,广州公交集团组织召开构建公交服务评价指标体系工作会议,时任集团总经理提出公交要服务城市"公转",聚焦"服务人才、科技、产业、消费、大湾区互联互通、文化、营商环境",拉开了聚焦"七个服务"、促进广州定制公交服务品牌高质量发展的序幕。

二、工作措施

(一)制定工作方案

为着力发挥国有公交企业"公转"作用,聚焦"七个服务",提升广州公交服务能力和品牌影响力,广州公交集团指导巴士集团制定"提服务、促品牌"工作方案,推进打造广州市分片区特色公交服务,其中,南片区打造文旅服务品牌,北片区打造产业服务品牌,东片区打造科技服务品牌,中心区打造综合服务品牌。

(二)丰富宣传推广手段,强化挖潜力度

一是推出定制公交服务热线,深度融合公交社区平台。开发团体定制出行需求响应模块,形成需求接入、派单、响应、跟踪、分析全过程的闭环管理,进一步规范工作流程、提升响应速度,为助推创新业务品牌高质量发展打下基础。

二是举办创新业务宣传"金点子"活动,集思广益,融合各单位经营特色,完成创新业务宣传册和海报设计工作,强化创新业务产品包装,增强宣传效果。

三是充分利用现有公交场站资源,选取客流集中站点投放创新业务宣传海报,形成各具特色又协同联动的创新业务宣传模式。

四是采取"扫街"手段,梳理与"七个服务"相对应的所有大中专院校、企事业单位和科技园区等,制定对接计划,上门推广、洽谈业务合作。

(三)落实客户维系工作,守好存量不流失

组建创新业务专班小组,梳理年收入超过10万元的大客户,结合不同客户群体特点,通过组建微信群、建立月会机制及定期回访等措施,积极响应客户需求,强化与客户的联系,巩固和拓展业务合作。

(四)搭建业务沟通桥梁,强化创新团队业务水平

一是充分发挥资源合力优势,实现市场与资源共享,打造如白云实验中学、拼多多公司等多区域单位共同协作经营的大型业务合作模式。

二是召开创新业务经验分享交流会,形成常态化"头脑风暴"研讨,各单位在分享会上交流成功案例和创新经验,共同促进创新业务做优做强。

三是建立学习轮训机制,强化单位之间的交流,提升创新业务队伍综合水平。

三、工作成效

(一)围绕服务文化

梳理各热门景区、郊游热点,对接开行"服务文化"品牌线路。广州公交集团结合越秀、荔湾历史区位优势及广州历史文化传承、党建融合等发展需求,不断推动文旅品牌系列发展。一是串联广州市内多家博物馆和红色文化景点,开行博物馆文旅如约专线。二是串联广州各大历史文化景点、红色教育基地、爱国主义教育基地等,打造羊城历史文化主题定制活动路线。三是推出"英雄花开英雄城"红色文化主题定制线路,创新新时代公交营运服务模式,赋能交通、文化、旅游的跨界融合发展。

(二)围绕服务人才

根据各大中专院校分布情况,深化校园专线拓展,将师生服务线路从点到面整合打通,梳理各院校和单位需求,对接开行"服务人才"品牌线路。广州公交集团指导巴士集团积极响应国家关于全面加强新时代少先队工作的重要指示精神,携手广东省少先队工作委员会推动社会化党团队共建,打造广东少先队校外实践教育营地(基地)研学项目,并延伸品牌服务,与穗华心素质教育培训中心等单位合作,拓展打造"梦想巴士"和"崇尚·传承"等主题研学项目,为增长青少年课外知识、拓宽视野提供专属定制服务。2022年,巴士集团被共青团广东省委授予"广东红领巾巴士学堂"项目品牌。

(三)围绕服务科技

锚定知识城、科学城、黄埔港和生物岛四大战略平台,充分利用科技创新发展的强大动力和客源潜力,梳理各类科技型企业,对接开行"服务科技"品牌线路。此外,联合广州文远知行科技有限公司开展巴士集团自动驾驶小巴载客测试项目,开通运行自动驾驶便民公交线路,载客测试期间乘客可免费搭乘体验自动驾驶小巴。截至2023年12月,巴士集团自动驾驶项目已取得50台自动驾驶小巴载客测试牌照,共计开行广州塔自动驾驶便民线、生物岛自动驾驶便民1线、生物岛自动驾驶便民2线、琶洲大环线及雍景湾自动驾驶便民线路共5条自动驾驶便民公交线,实现运行服务零投诉、零安全责任事故,整体运行情况稳定向好。

(四)围绕服务产业

结合广州市"十四五"现代物流枢纽及产业发展土地利用规划,根据物流产业空间发展特征及物流仓员工通勤刚需,促进"交通+物流+产业"融合发展。梳理各类产业园需求,对接开行"服务产业"品牌线路。

2023年5月,巴士集团抓住拼多多开拓广州、佛山区域市场的契机,多次沟通对接,成功成为其在广州、佛山区域公交车型用车供应商,为拼多多公司及其合作的劳务公司提供员工上下班通勤定制服务,服务广州、佛山区域仓库员工。接下来将根据拼多多增城物流仓的选点进度,对接增城区分仓员工的通勤需求,持续推动深化服务产业方面的品牌发展。

(五)围绕服务消费

抓住城中村升级改造契机,服务平台经济发展,梳理购物商圈、社区、医疗等机构需求,对接开行"服务消费"品牌线路。

2023年,巴士集团积极与相关街道办对接,开通"小新塘回迁房(谭村)总站环线"定制线路,开行前后分别组织现场实地推广,并联合广州市客运交通管理处强化线路宣传推广力度,通过《广州日报》等媒体对线路进行专题报道,增加线路曝光度,提升市民知晓率,加速线路培育期进程。

(六)围绕服务营商环境

以定制商务专线的形式,为各类企业提供个性化、高品质的商务通勤服务,构建多层次的出行网络。结合各类商务活动情况,梳理酒店、安保等单位,对接开行"服务营商环境"品牌线路。

2023年,把握第133届广交会全面恢复线下展的契机,一方面,结合往届参展商的出行特征,开行商务定制专线;另一方面,充分利用疫情期间与酒店建立的沟通渠道,促成与多家酒店和企业合作,为其提供广交会期间商务定制服务。

(七)围绕服务粤港澳大湾区互联互通

深化广佛等地互联互通,强化与属地管理部门沟通,强化城市间公交线网覆盖,如根据市民出行特征变化,结合春节等小长假前后市民往返广佛等地的刚性通勤需求,新开广佛跨市定制公交线路。

第十八章 推出"便民服务车"服务

第一节 试点"扬手即停"

2019年,广州公交集团针对关于"五类车"的舆情,对嘉禾望岗、龙归、白云文化广场和南浦等地铁站"五类车"长期违规运营情况进行了调研。针对调研发现的问题,在优化调整和新开常规公交线路以优化"五类车"涉及区域基本公交服务的基础上,试点推出"扬手即停"新型定制公交服务。

该新型定制公交服务使用中小巴车型,以"不定时、不定线、不定点和不定价"的"四不定"模式运行。试点工作启动后,先后开通运行地铁嘉禾望岗总站—望岗大道(东)站、丽江花园总站—锦绣半岛、地铁白云文化广场B口—新市天地等7条"扬手即停"新型定制公交线路。

"扬手即停"新型定制公交试点工作取得了一定的效果,丰富了"五类车"集聚区域乘客的出行选择,并以更低的价格提供更加安全、可靠的出行服务,有效起到配合打击地铁站周边"五类车"的效果,嘉禾望岗地铁站等地铁口附近"五类车"数量有一定幅度的减少。但之后由于多种原因,试点结束后未能进一步发展。

第二节　拓展"响应式便民公交"

一、工作背景

2020年,广州公交集团在2019年试点"扬手即停"新型定制公交服务的基础上,进一步探索实践,深入贯彻落实广州市交通工作领导小组《关于深化便民服务车试点工作的通知》(穗交领〔2020〕1号)精神,针对市民日益增长的小群体、便捷化和快速化的个性化出行需求,大力拓展"响应式便民公交"服务。

在广州市交通运输局的指导和各区、镇街的支持下,广州公交集团充分发挥公交车电动化后纯电动车辆便捷、环保、安全的优势,以中小型车辆为主力,探索为大型社区、城中村、商业中心、科技园区提供接驳换乘枢纽(站点)和地铁、满足"最后一公里"出行需求的"便民服务车"线路,逐步取代不符合安全要求的敞篷电瓶车和"五类车"。

二、工作措施

为增强各公交企业拓展"便民服务车"业务的责任心及充分调动工作的积极性,并引导各企业公开、公平、合理竞争,广州公交集团组织各公交企业研定实施《便民服务车拓展工作指引》。

(一)明确总体要求和工作原则

要求各公交单位"守土有责、守土尽责",对照广州公交集团划定的本单位公交线路经营发展主营区域,对有公交出行需求但暂时不便通过常规公交线路进行覆盖的空白区域,积极主动开行"便民服务车"线路,填补市民"最后一公里"公交出行空白。同时,要求各单位对客流稳定、运作成熟的"便民服务车"线路,以新开或优化调整为常规公交线路(特别是中小巴线路)的方式逐步予以替代,保障线路开行的社会效益与经济效益。

(二)明晰线路开通和运营规则

1. 开行区域方面

要求各单位原则上在集团划定的本单位经营发展主营区域拓展业务,同时鼓励各单位积极挖掘核心区域(即按照集团公交线路经营分区情况表,由各单位共同经营的区域)市民"最后一公里"的公交出行空白,大力开行"便民服务车"线路。若接到有关部门(街道)在非本单位经营发展区域开行"便民服务车"线路的指令性需求时,先与提出需求的部门(街道)及该经营发展区域对应的单位沟通协调,协调未果的由集团巴士管理部统筹开行。

2. 运营模式方面

要求各单位按照《广州市交通工作领导小组关于深化便民服务车试点工作的通知》(穗交领〔2020〕1号)文件要求,与各街(镇)协商,使用未办理公交车车辆营运证的中、小型新能源客车开行"便民服务车"线路,原则上在线路开行前与街(镇)签订经营协议,明确线路服务标准、客流培育期限、经营年限和经营期内退出机制等,并积极争取补贴,保障线路经营效益。同时,鼓励各单位结合市场需求和本单位运力资源配置情况,使用办理了公交车车辆营运证的公交车辆,以"如约便民"定制公交的模式开行便民服务车线路。

3. 线路设置方面

(1)线路走向。可定线、定点,也可不定线、不定点,实行"扬手即停"。对不定线、不定点的线路,在线路规划时可只设置起止站点,实际运行时以起止站点为两端,在安全通行的基础上,灵活调整线路途经路段和站点。

(2)站点设置。以"乘客安全、便捷上下车"为原则,根据乘客的需求合理设置,并根据乘客出行需求和现场环境变化动态优化调整;站点数不受限制,但不得中途停靠常规公交线路的总站,与常规公交线路的重叠站点数不得超过"便民服务车"线路站点数的60%且重叠站点的客流量占常规公交线路不超过30%(与本单位线路重叠除外);实行"扬手即停"的便民服务车线路,可设置相对固定的中途停靠站点,在途经非主干道时可根据乘客需求,在保障运营安全的前提下随时、随地上下车。

(3)线路编码。以"便民服务车"所服务的换乘枢纽(站点)或街(镇)为基础,按照广州公交集团内部单位在该换乘枢纽(站点)或街(镇)周边区域运营的"便民服务车"线路开通时间先后顺序,统一编码为"如约便民·换乘枢纽(站点)/街(镇)便民×线",如"如约便民·万胜围1线""如约便民·金沙洲1线"和"如约便民·永和1线"等。

4.票价设置方面

一是原则上不得低于常规公交线路票价,各单位可在此基础上根据市场定价,乘客可刷卡、扫码或投币乘车,但不享受与财政补贴有关的票务优惠。二是可综合考虑业务发展需要和线路经营效益,与街道、社区和商业中心等协商实施票价优惠措施;三是需在站牌和车辆车头位置标注票价。

5.线路报备方面

各单位新开和优化调整"便民服务车"线路,原则上需于线路开行前至少3个工作日向集团巴士管理部报备。报备内容包括线路编码、长度、行经路段(需标注各路段的性质及长度)、停靠站点、票价和运营模式等,并附线路行驶路线和停靠站点示意图。对报备同一条或基本相同的"便民服务车"线路且均符合开行条件的单位,按"先报先得"的原则,由先行提交报备材料的单位优先开行;若已先行与街(镇)签订经营协议,由签订协议的单位优先开行。

(三)规范站牌设置

一是"便民服务车"线路的站牌原则上由广州公交集团属下站场中心统一设计,与常规公交线路停靠站点一致的线路,共用常规公交线路的站牌,由站场中心负责安装和维护;与常规公交线路停靠站点不一致的线路,由线路运营单位负责安装和维护。若街(镇)或合作的工业园区等已有站牌设计、安装和维护规范的,由线路运营企业与其沟通协调,争取融入集团标准,并报集团巴士管理部同意后实施。

二是由站场中心负责安装和维护的站牌,各单位在实施前5个工作日向站场中心提供已向集团报备的线路施工单(内容包括线路编码、票价、停靠站点名称、行向、首末班车时间、发班间隔等需在线路站牌上体现的内容)。站牌的安装、维护及相关费用结算等,由各单位自行与站场中心协商。

三是同一便民服务车站点原则上只设置一个站牌,集团内部单位新开或优化调整"便民服务车"线路行经该站点时共用同一站牌。

三、工作成效

广州公交集团创新推出"便民服务车",作为常规公交的有效补充,有效解决了市民"最后一公里"的出行问题。时至今日,"便民服务车"已发展成为广州公交集团"如约巴士"定制公交业务的重要板块,客运量占比达20%。

第十九章　探索实践动态巴士

2020年,为迎合市民"网上下单,随时出行"的出行服务新需求,广州公交集团在前期研究讨论的基础上,自主研发智能云端调度平台,试点推出"在一定的区域内,围绕若干个固定的上下客公交站点,实时预约、实时响应、动态调整行驶路线"的动态巴士服务。

该服务的探索实践有两方面的重要意义:一方面,压降无效、低效的运营里程,逐步替代低客流量的常规公交线路,如南沙区"随需而至"动态公交;另一方面,探索完善多样化出行,有效补充常规公交,如大学城"拼BUS"。

第一节　大学城"拼BUS"

一、工作背景

大学城区域常规公交线路存在高峰期客流明显、低峰期运力富余的特征,同时,区域内公交乘客呈现特定站点、特定路线的个性化出行需求。为盘活低峰期运力资源,并有效满足区域内乘客的个性化、多样化出行需求,2020年9月,广州公交集团在大学城区域试点"拼BUS"需求响应式定制公交,旨在打造"动态线网、云端调度、智能决策、一站出行"的智慧公交服务体系。

二、试点情况

(一)试点区域及票价设置

"拼 BUS"试点服务区域为番禺大学城。截至 2023 年底,已在大学城岛内设置 68 个上车点、100 个下车点,覆盖高校及生活区、4 个自然村和 2 个旅游景点。项目共投放 6 辆 8.5 米中型客车,单人单次乘车票价为 1 元。

(二)营运模式及操作方式

"拼 BUS"通过移动端收集乘客的预约出行请求,再通过智能算法实现线路、站点和时间的自动规划并生成出行信息,最终由驾驶员根据出行信息前往站点接送乘客并完成订单。乘客可通过微信搜索进入"拼 BUS"小程序,选择起止站点并预约出行时间,完成付款,订单即提交成功,后根据预约时间前往起点站候乘。

(三)试点效果

"拼 BUS"服务试点推出后,日均完成订单数稳中有升,但由于大学城区域公共交通较为完善,加上电动自行车保有量迅速增加,"拼 BUS"服务订单量增速较慢。预计随着平台功能的不断优化完善、服务的不断提升,将会被越来越多的师生接受,在众多出行方式中占有一席之地。

第二节　南沙"随需而至"

一、工作背景

南沙区农村客运存在两方面的问题。

一方面,线路与村民的实际出行需求匹配度不高:一是有车没人坐,有人没车坐,车辆空程跑,政府支出大;二是等车时间过长、时间不可靠;三是因载客量不大,车企延长发车时间,降低了服务水平,载客量进一步减少,造成恶性循环;四是财政补助资金有限,不能有效地提升农村客运服务水平及村民的满意度。

另一方面,信息化程度低:一是只有部分上车的记录("羊城通"刷卡),没有乘客下车的记录;二是限制了南沙区交通运输局、公交运营企业对居民通勤的分析;三是无法及时根据实际出行需求对线路进行优化及高效地分配资源。

为有效解决上述问题,广州公交集团指导原第二公共汽车有限公司,并在南沙区交通运输局的支持下,以广州巴士集团南沙巴士公司为主体,从2020年7月起试点开展"相对定点、不定线、不定时、不定车"的"随需而至"创新公交。

二、试点情况

(一)试点区域及票价设置

南沙"随需公交"在万顷沙片区和蕉门片区试点运营;其中,万顷沙片区主要服务区域为万顷沙镇区域和下横沥片区工业区域,蕉门片区主要服务区域为蕉门和金洲区域。"随需公交"单人单次乘车票价为1元。

(二)营运模式及操作方式

乘客可通过微信搜索进入"南沙随需公交"小程序,在服务时间和服务区域内按需预约出行。系统接收到乘客出行请求后,根据乘客的实际位置、目的地、路径和乘客数量等要素,通过动态优化算法进行精准匹配,为在特定时间、区域范围内约车的乘客匹配最优路径,并可推送发车时间、上车地点、预计到达目的地时间等信息给乘客,驾驶员根据出行信息前往接送乘客并完成订单。

(三)试点效果

南沙"随需公交"服务的定位是解决公交出行需求量不大且零散区域的出行问题,虽然服务的客运量不大,但在有效压降无效、低效成本的同时,较好地满足了区域内的群众公交出行需求。

第二十章　深化"公交+"新业态

第一节　自　动　驾　驶

一、发展历程

自动驾驶便民线路运营项目自2020年底开始构思筹备。2021年9月,广州市政府和黄埔区政府分别给予项目资产购置及服务成本市级和区级专项补贴。2021年11月25日,广州公交集团指导巴士集团正式与广州文远知行科技有限公司签订合同,项目自2022年1月开始启动,配备50辆5.5米自动驾驶公交车,积极推进自动驾驶公交出行服务典型场景应用示范。2022年4月30日,首批2条自动驾驶便民线(广州塔线、生物岛1号线)正式开通,后续相继开通琶洲环线、生物岛2号线和龙湖线(招商雍景湾)3条线路。2023年12月30日,5条自动驾驶便民线正式进入示范应用,同时实施BRT通道夏园站—文园站(地铁双岗站)之间的自动驾驶公交车试运行及生物岛1线、生物岛2线的夜班线预约出行。自载客测试至正式进入示范应用,实现了上车乘客零投诉、乘客试乘满意度高于90%,车辆智能化水平基本符合预期。

二、项目主要内容

(一)使用车型

项目所采用的自动驾驶车辆为"宇通"牌,由广州文远知行科技有限公司提供技术支持,车长5.5米、宽2.05米、高2.65米,续驶里程120千米,自动驾驶最高车速40千米每小时,额定载客8人。车辆自动驾驶等级为L4级,配置了全新自主研发的传感器套件,具体包括:64线激光雷达、高清摄像头、盲区激光雷达、高精度组合定位系统。通过传感器套件,自动驾驶车辆能够精准感知通行道路上各种信息,包括车道线、交通灯、交通标志、行人和其他车辆等,有效识别以车辆为中心250米范围内的物体,真正实现自动驾驶,增强安全保障,有效提升车辆运行效率及安全性。

(二)线路开设

自动驾驶便民线路的开通有别于常规公交线路,根据广州市交通运输局、广州市工业和信息化局及广州市公安局联合发布的《关于智能网联汽车道路测试有关工作的指导意见》(穗交规〔2020〕4号)相关要求,开展自动驾驶道路测试前,测试主体需向广州市智能网联汽车示范区运营中心提交申请,获取道路测试资质后才可开展道路测试;在项目主体会同运营主体取得道路测试资质后,可筹备自动驾驶便民线的开通。在开通自动驾驶便民线前,需准备以下事项:

一是要确定线路规划路段是否为自动驾驶道路开放测试路段。根据穗交规〔2020〕4号,测试主体不得在规定的测试路段以外区域开展测试工作,所以在线路规划阶段需确定道路是否为自动驾驶道路开放测试路段或非开放测试路段但可申请开放为自动驾驶道路测试的路段。

二是与线路所在地街道签订合同。自动驾驶便民线路运营项目以常规公交便民线为载体,将自动驾驶技术融入公交运营体系之中,但由于签订合同会牵涉属地街道补贴,因此在选择线路时应优先选择同一街道内的线路。

三是对选定线路进行高精度地图采集。由于民用卫星导航的制导精确度较低,应用在自动驾驶中误差较大,所以在线路开通前需对选定线路进行高精度地图采集(该服务由广州文远知行科技有限公司提供技术支持)。在导入高精度地图后,自动驾驶巴士对道路上的距离判断误差不超过10厘米。

四是进行道路测试,在完成线路开通的前期准备工作后,需对选定线路进行道路测试,提升自动驾驶技术在全新路面环境下的适应性,检查自动驾驶行驶过程中是否存在不稳定因素并进行改善。

(三)开通线路介绍

自2022年4月30日开通首批自动驾驶便民线,包括海珠区广州塔线和黄埔区生物岛1号线两条线路,后陆续加开海珠区琶洲环线、黄埔区生物岛2号线和黄埔区龙湖线(招商雍景湾)三条线路。

黄埔区生物岛1号线自动驾驶便民线基本情况

线路长度	4公里	总车次	56车次	总载运里程	224公里
配车	3辆	首班车时间	08:00	末班车时间	21:00
行车时间	20分钟	发车密度	全天15分钟一班	车日行程	75公里

海珠区广州塔线自动驾驶便民线基本情况

线路长度	9公里	总车次	37车次	总载运里程	333公里
配车	8辆	首班车时间	08:00	末班车时间	21:00
行车时间	30分钟	发车密度	12:00—15:00每30分钟一班,其余时段为10分钟一班	车日行程	167公里

黄埔区生物岛 2 号线（地铁官洲站环线）自动驾驶便民线基本情况

线路长度	6 公里	总车次	51 车次	总载运里程	306 公里
配车	4 辆	首班车时间	07：30	末班车时间	21：00
行车时间	25 分钟	发车密度	07：30—09：00、17：00—18：30 发班间隔 10 分钟，其余时段发班间隔为 20 分钟	车日行程	76.5 公里

海珠区琶洲环线自动驾驶便民线基本情况

线路长度	9 公里	总车次	13 车次	总载运里程	117 公里
配车	1 辆	首班车时间	08：00	末班车时间	21：00
行车时间	60 分钟	发车密度	每小时一班	车日行程	117 公里

黄埔区龙湖线（招商雍景湾）自动驾驶便民线基本情况

线路长度	9 公里	总车次	31 车次	总载运里程	279 公里
配车	4 辆	首班车时间	07：00	末班车时间	19：30
行车时间	40 分钟	发车密度	07：00—9：00、17：30—19：30 不大于 20 分钟一班，其余时间不大于 30 分钟一班	车日行程	70 公里

（四）订票小程序介绍

自动驾驶便民线购票采用线上预订的形式。市民乘坐自动驾驶便民线需在微信小程序"智联巴士"提前预约订票，最多可提前 2 小时订票。载客测试期间邀请广大市民免费自愿试乘自动驾驶便民线，但鉴于主管部门规定及巴士集团出于安全考虑，提出以下要求：一是自动驾驶巴士的乘客必须是年满18周岁并具有完全民事行为能力的成年人;二是车辆行驶过程中不允许站立;三是每人限订3张,订票后如需取消订票,须在车辆发班前至少半个小时退订;四是订票完成后小程序内会生成电子车票,车票上显示乘车人选定的上下车站点、车次、发班时间和验票二维码,乘车人将二维码在车门扫码器处完成验票方可上车。

广州公交集团已将"智联巴士"订票小程序入口同步链接至官方小程序"公交之家",需要预约乘车的乘客可选择现场扫描车门上方粘贴的二维码、搜索"智联巴士"小程序或搜索"公交之家"小程序进行预订。

(五)自动驾驶运营系统

自动驾驶运营系统是自动驾驶便民线的后台管理中枢,采用三级等保,系统功能主要分为实时监控、订单管理、用户管理、调度管理、路线管理、车辆管理、站点管理、数据分析8个板块,由广州文远知行科技有限公司提供技术支持。

实时监控:可通过车载定位系统实时定位车辆,可通过虚拟地图选择线路查看车辆所处线路位置,统计订单总量,查看订单实时动态。

订单管理:可查看线路订票情况及订单编号、订单状态、上下车站点、所乘车辆编号、购票数量、乘车时间、订票时间等详细数据。

用户管理:可对授权登录订票小程序的用户进行管理。

调度管理:展示线路的班次详情,可对自动驾驶巴士便民线进行管理、调整,可自行选择日期、线路等信息,在选择相应的日期及线路后可进行调整班次、取消班次、停运班次、调整路线、占座等操作。

路线管理:可选择线路进行编辑,选择是否停运该线路。

车辆管理:页面展现当前已成功连接系统的车辆信息,可通过不同条件查询车辆信息,点击对应车辆的"编辑"按钮,可编辑车辆运营路线的名称和状态。

站点管理:可进行站点同步。

数据分析:可对用户数量以及车辆运营数据进行分析。

(六)车辆远程管理中心

车辆远程管理中心由 1 套车辆管理云控平台和 8 套远程操控平台组成。车辆管理云控平台为远程操控平台的载体,通过车辆远程系统可实现通过远程端对自动驾驶车辆进行操控,主要解决车辆无人驾驶系统因为特殊情况所产生的卡死或系统故障等问题,可进行远程人工干预。远程操控平台的作用是远程监控和远程辅助,具备远程操控设备安全质检、账号权限管理、控制过程中故障中断处理、转向盘角速率安全限制等功能,是对自动驾驶车辆自动驾驶功能的补充与延伸。自动驾驶便民线路运营项目旨在打造多场景应用下的自动驾驶出行服务,未来在条件具备的情况下将开展纯无人自动驾驶测试,车辆远程管理中心可实现纯无人条件下对自动驾驶车辆的掌控。

(七)自动驾驶车辆安全员

根据市主管部门指导意见,自动驾驶车辆需配备一名安全员,安全员在车辆正常行驶中不接管车辆,当车辆行驶遇到紧急情况或车上乘客出现突发状况时,安全员需接管车辆,对应急突发情况进行处理并上报管理人员。

三、项目评价

(一)原创性

近年来,全球掀起自动驾驶浪潮,自动驾驶技术的发展与应用在国内也是如火如荼,北京、上海、广州、深圳、武汉、重庆等国内重点城市相继开展关于自动驾驶技术应用的测试。广州公交集团自动驾驶便民线路运营项目作为国内乃至全球首例 L4 级城市公交自动驾驶规模化应用方案,不论是应用规模还是应用范围都是首屈一指,标志着国内自动驾驶技术的实际应用又向前迈进了一步。

项目投入50辆自动驾驶车辆和8套远程操控平台,主动探索自动驾驶技术在交通运输行业中的应用模式与路径,以"管理好人工智能驾驶员、运营好人工智能驾驶员"为切入点,初步形成满足自动驾驶车辆特点的运营管理服务体系,包括调度系统、车辆运营、安全管理、安全员培训等内容。除自动驾驶便民线外,广州公交集团为进一步深化自动驾驶公交车场景应用,创新性提出利用自动驾驶公交车打造"拼BUS"模式以及城市快速公交BRT模式。"拼BUS"模式初定在广州大学城开展,由于道路开放以及自动驾驶载客测试牌照资质的原因暂未实施;BRT模式正准备在黄埔区开展,线路始于文苑(地铁双岗站)、终至夏园站,采取环线模式,全长10公里,截至2023年12月,正在对自动驾驶车辆加装BRT通道感应门的射频装置进行测试。

(二)先进性

项目作为首个L4级城市公交自动驾驶规模化应用方案,创新性地采用了5G技术加单车智能的模式,车辆采用郑州宇通集团有限公司和广州文远知行科技有限公司联合推出的自动驾驶小巴,车上搭载激光雷达、毫米波雷达、高清摄像头、定位设备等多传感器自动驾驶套件,确保车辆运行安全,着力打造广州公交数字化出行服务平台。

自动驾驶便民线区别于传统便民线,创新使用微信购票平台,通过车辆实时定位、在线购票及提前预约,为市民提供方便快捷的购票乘车体验,运用数字化手段解决市民出行"最后一公里"的难题,为市民出行提供更多样化的服务。

(三)发展前景

发展自动驾驶公交产业,通过信息化、智能化手段促进公共交通领域人工智能和数字化提升是交通运输行业"十四五"的重大任务。国内主要城市均积极布局自动驾驶产业,但规模普遍在10台以下,本项目率先实施

50 台规模的自动驾驶小巴项目,有助于促进广州创新产业发展形态,强化广州作为智能网联汽车产业领军城市的地位。公交企业为劳动密集型企业,人工成本占总成本比重超过 70%。经本项目的测试运营,有望逐步实现全无人化,为进一步迈入商业化应用奠定技术基础,解决传统公交企业人工成本高企的问题,减轻企业和财政负担。

第二节 "巴士畅捷"

一、发展背景

广州市交通站场建设管理中心有限公司主要负责管理和维护全市公交站场、公交站点等公交基础设施。2018 年以来,在广州公交集团和交通站场中心指导下,在保障基础公交候乘服务质量的同时,抢抓机遇,积极开创公交站场经营发展新局面,运用多元化商业经营手段,深度挖掘站场物业资源潜力,优化站场空间布局,发展多元化便民服务,同时结合市民生活需求,将公交站场打造成为集公交候乘、自助休闲购物、企业大宗团购、活动策划、新能源充电、车辆保洁服务、停车服务等于一体的公共交通综合服务体。

二、服务范围

截至 2023 年,"巴士畅捷"品牌服务范围涵盖便利零售、大宗团购、线上商城、自助售卖、鲜花绿植和活动策划等多种经营服务业态。

(一)"巴士畅捷"日常生活消费业务

"巴士畅捷"为广大市民提供专业、温情的公交综合服务体验,服务网点以便民服务需求为主,开设极具公交特色元素的便利店、自助综合服务区,为广大市民提供日常食品及清凉饮品的"便民驿站"以及集烧烤、露营、钓鱼于一体的"休闲生态驿站"。极具特色的店面设计、质优价廉的丰富商品,使市民、乘客在公交站场、车站或家里就能轻松享受到舒适、贴心的候乘服务,满足市民、乘客对美好生活的追求。

(二)企业大宗团购服务

通过丰富的供应渠道、优质的全品类商品和较强的综合服务能力,"巴士畅捷"服务品牌为各企事业单位提供职工福利品、慰问品和后勤保障物资等一站式采购服务,同时可按照客户的多样化需求提供专业、个性、订单式的商品定制服务。

(三)"花茗艺"花卉绿植及绿化保养服务

自2021年起,连续三年开展年花服务活动,春节期间进企业、进街道、进社区。《广州日报》、"广东新闻(今日一线)"和"花城+"等多个省市级新闻媒体通过电视、报纸、电台、微信号等渠道给予正面报道,收获了良好的社会效应和广大市民的一致好评。通过积累年花、年桔销售业务经验,开发了名为"花茗艺"的首家绿植服务网点。作为"巴士畅捷"子品牌的"花茗艺",主要经营绿植鲜花零售、大宗客户销售和春节年花、年桔销售等业务,同时凭借先进技术、经验丰富的养护施工队伍和专业的室内外绿化养护管理等优势,为政府机关、企事业单位提供景观优美、环境宜人的园林绿化设计、施工及保养服务。

(四)"巴士畅捷"线上商城

"巴士畅捷"线上商城为全品类线上购物商城,商品涵盖生活日用、美妆个护、数码家电、食品等,多达300种单品,并设有职工生日福利专区及广州市扶贫协作办公室认可的扶贫助农专区,同时开发了"公交便民出行"小程序,充分利用网络平台增强品牌效应、拓宽销售途径。

(五)品牌特色文创产品

结合公交站场文化特色和消费需求,进一步打造专属"巴士畅捷"品牌的特色文创产品,结合需求研发了具有品牌标识的雨伞、保温杯等日用品类文创产品。2023年,"巴士畅捷"为丰富产品池,通过市场走访和研发,打造了长寿面、公交城市街景系列积木及公交定制茶产品特色文创产品,展示广州公交集团文化风采的同时,推广公交站场专业服务品牌,提升公交品牌文化的影响力。

(六)企业活动策划服务

结合各企事业单位个性化需求,提供企业福利、文体活动、生日会、春秋游、揭牌启动仪式、周年庆、大型演出、慰问活动和企业培训课堂等活动策划方案定制,为企业提供一站式活动解决平台。

三、管理办法

"巴士畅捷"通过探索和实践,不断优化管理架构和人员配置,重点组建和发展销售服务队伍,组建了综合管理组、电商运维组、绿化服务组、采购组和销售组等多个小组,支撑"巴士畅捷"业务的策划、售前、售中、售后和综合管理等程序衔接流畅。继而健全商业洽谈、业务审批、合同管理、供应商管理、出入库管理、售后服务和资料归档等流程管理,完善项目闭环,打造精细化、合规化的"巴士畅捷"品牌经营。同时,不断完善各业态板块工作规范、流程以及制度,梳理廉政风险防控点,完善风险防控机制。根据实际业务情况,制定了《商品及供应商管理办法》《巴士畅捷网上商城操作规范》《自助设备运营管理办法》和《合作门店运营管理制度》等工作制度,进一步强化商业板块业务的合规化管理。

四、创新案例

(一)构建"生态+团建"融合的新型服务业态

2023年5月,对原园林苗圃实施业务融合,打造"巴士畅捷"休闲团建生态驿站。该驿站积极承接广州公交集团内外各企业、团体的文体活动、拓展和团建等,并以此为基础,推进生态驿站和文旅板块相结合,拓展生态驿站服务渠道。

(二)打造公交便民服务站

2023年,借鉴北京市"公交便民驿栈"项目先进经验,结合现有资源,对辖下公交站场进行全面摸查,综合考虑站场运营保障和选点站场周边居民生活配套情况、人流量等因素,在天平架公交站场设置便民服务站。该服务站以爱心驿站和便民服务站双结合的模式与属地街道共建,为广大户外劳动者及市民提供购物、休闲一站式社区型服务场所,打造"公交+"服务品牌的重要抓手,同时推进"巴士畅捷"服务网点由中心城区向周边扩展,进一步提升市民服务体验和"巴士畅捷"品牌社会影响力。

五、未来展望

未来,将继续倾力打造"巴士畅捷"服务品牌,为市民提供优质的"出行+生活"增值服务,经过摸索实践,逐步形成一个涵盖公共交通点、线、面的"巴士畅捷"服务网络体系,丰富"畅通优质、便捷惠民"的公交服务内涵,并以商业手段对站场服务进行合理高效补充,实现企业经营效益及社会效益相得益彰。

第三节 "粤陶巴"

2022年,在广州公交集团指导下,巴士集团属下观光巴士公司借鉴国外的伦敦BUSTRONOME诺曼观光高端双层巴士餐厅、日本WILLER餐厅巴士、巴黎特诺曼巴士餐厅,以及国内的香港水晶巴士餐厅、珠海音乐美食观光巴士和成都火锅巴士等"巴士+"先进经验,于8月26日联合广州陶苑酒家尝试推出"粤陶巴"项目,开启了"广州+陶苑酒家+观光巴士"的"巴士+"新模式。

一、项目亮点

一是项目形式新颖,国内市场相对空白,广州地区无同类竞争者,相对容易进入市场抢占商机。

二是素有"美食天堂"之称的广州更能成为餐饮界的担当,双层观光巴士的旅游新模式,让移动餐厅成为城市一道亮丽的风景线,对消费者充满着吸引力,有较大的消费市场。

三是只需要微改造就可将停摆的双层观光巴士用起来,成本低且能消化停运车辆的固定成本。

四是项目可快速复制,实现车辆的再利用,有庞大现金流和良性的运营支撑。

二、主要做法

(一)运营模式

由观光巴士公司负责改造双层巴士、设计线路、开发线上预约系统及确认订单,陶苑酒家负责开发最具广府特色的餐点、提供餐具和随车服务员,由双方共同确定产品定价、套餐内容和线路走向。

(二)特色产品

1.移动餐厅巴士

(1)车辆特色

舒适:车内设置软皮沙发座椅,布置青砖石脚、漆木屏风以及红、蓝、金等各色驳杂的满洲窗,复原19世纪的西关大屋。

安全:每个座椅都配置安全带,桌上配防滑垫,确保乘客安全。

美观:二层360度全景天窗让乘客全方位欣赏广州美景。

移动餐厅巴士外观

移动餐厅巴士内景

(2)线路设计

早茶巴士自二沙岛陶苑酒家出发,途经海心桥、广州大桥、广东省博物馆、广州图书馆、体育公园、传祺公园、星海音乐厅、广东美术馆等景点,整体用时约2小时,其中车辆行驶时间约为50分钟。

(3)茶点套餐

一是早茶点心。早茶巴士在传承广州本地美食和小吃手艺的基础上,融合世界各地的美食元素,在出品上特别强调将美食与器皿相结合,将摆盘的美学发挥到极致;另外,食材和菜单也会随着季节变化定期调整,让游客在享受美食的同时,体会到博大精深的茶点文化和风土人情。配置特制冷泡茶,结合广州盛夏季节限定推出桂花绿茶,独特花香与绿茶相融,消暑解渴又健康，同时结合不同的季节搭配乌龙冷泡茶、滋润红茶冷泡茶等健康饮品。餐品由具有特色的岭南藤编三层食篮呈上，食篮的第一层是虾饺、烧麦、凤爪、荔枝丸等经典粤式蒸点，象征着每天生活都能够蒸蒸日上；第二层有糯米鸡、煎饺、椰汁糕、糖水等主食，寓意着每季日子都丰衣足食；第三层则囊括了肉松小贝、芝士麻薯等新式甜点，代表着每年都是甜甜蜜蜜。

二是西式下午茶。下午茶文化是一种社交活动，其美味点心、酣畅香茶的味蕾体验，还能让现代人用轻松自在的心情度过优雅、悠哉的下午时光。套餐含有抹茶水果拿破仑、闪电牛乳泡芙、吞拿鱼法棍、肠仔培根烧、柠汁芝士蛋糕、椰香奶冻滑和酸爽柠檬茶等。

三是海鲜套餐。易中天先生在《读城记》中，将广州描绘为一座"生猛鲜活"的城市："广州是一个不知疲倦，没有夜晚的城市……它似乎并不需要睡眠。而且，越是别人需要睡眠时，它反倒越是生猛鲜活"。移动餐厅巴士因此设置了海鲜套餐，包括经典石锅金汤翅、芝士香焗小青龙、煎焗三头大鲜鲍、传统四式烧味拼、芦笋百合炒澳带和腊味煲仔饭等。

2.音乐茶歇巴士

广州的音乐茶座最早可以追溯到清朝末年，当时的音乐茶座主要表演粤曲。在改革开放的春风吹拂下，广州音乐茶座开始复兴，甚至在全国引领起文化娱乐风潮。1980年，内地第一个表演流行音乐的"音乐茶座"在东方宾馆诞生。

2023年，巴士集团、陶苑酒家与广州本土乐队CITYGROOVE联袂打造了全国首台观光音乐live餐饮双层巴士（也称"音乐茶歇巴士"）。2023年4月26日，"粤陶巴"音乐茶歇巴士以"古越今秀，悦享精彩"为主题，推出新消费情景，以"交通+音乐+美食"的多元模式，让双层巴士摇身变为粤式"音乐茶座"，搭配具备广州特色的木棉花茶以及6款经典茶歇点心，以音乐会友，以美食待客，以美景为伴，带乘客花式体验广州，留下美好的回忆。

音乐茶歇巴士外观

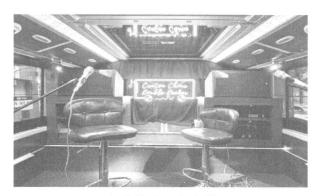

音乐茶歇巴士内景

音乐茶歇巴士内景

（1）班次：每日 12:30、15:30、18:00、20:00。

（2）价位：99~169 元不等。

（3）线路设计：自二沙岛陶苑酒家北门出发，途经广州大桥、广州塔、星海音乐厅、广东美术馆等景点,整体用时约 1 小时 30 分,其中车辆行驶时间约为 50 分钟。

(4)餐点:

一是茶歇餐。广东独有的木棉花奶盖茶搭配升级版的粤式点心,集合陈皮、橄榄等粤式元素的陈皮豆沙酥、梅菜鸡仔饼、亚麻子冬茸老婆饼、橄榄火腿玄米汉堡、合桃酥、大红袍芝士蛋糕卷共 6 款点心。

二是点心餐。和早茶巴士的三层点心餐相同,包括虾饺、烧麦、凤爪、荔枝丸、糯米鸡、煎饺、椰汁糕、糖水、肉松小贝、芝士麻薯等 16 款茶点。

第四节 公交文创

结合新生代消费特点及审美潮流,广州公交集团大力打造特色文创产品。电车系列文创为第一代文创产品,是广州公交集团在公交文创产品方面的开山之作,积累了丰富的开发经验,引导了公交文创产品系列的后续开发。

巴士集团电车分公司与主题线路途经景点、文化机构及新生代粤潮品牌企业合作,推出"来电"主题和"时光回忆"系列文创产品,打造极具特色又能生动展现广州公交形象和线路故事的实物载体。先后开发"电鲨"107 路无轨电车积木、"春田花花"102 路无轨电车积木、福袋(羊城有福)、平安匙扣、冰箱贴、电车小挎包、限量版"羊城通"等文创产品,深受市民喜爱,被打造成广州公交集团拳头文创产品,远销海外。产品成功入选 2022 年度"广州有礼"推荐产品名录,进一步推进了电车文化品牌形象的转型及传播。此外,广州公交积木还有无人售票版、B10 纯电动公交车版,涵盖了不同阶段公交文化,代表了交通出行发展历程中的多个标志性节点。公交文创产品还获得发明专利证书、外观设计专利证书,彰显了广州公交集团在文创产品方面的自主创新能力。

"羊城有福"系列文创产品

除公交元素的周边产品外,广州公交集团还与多个单位合作,创作出多种具有代表性的文创产品,如IP(知识产权)动漫合作——核桃小鸭/小崽子游广州公交文创学生卡,南越王博物院透雕龙凤纹重环玉佩,粤剧文创系列——公主驸马,与广州长隆联名发售的长隆毛绒一卡通。此外,还开发了公交智能穿戴产品——通行全国的"羊城通"戒指,采用精密陶瓷制作,轻便、安全、防水、精密、耐磨、有质感。

IP动漫合作——小崽子游广州公交文创学生卡

IP 动漫合作——核桃小鸭

　　透雕龙凤纹重环玉佩是南越王博物院院徽，整件玉佩由"龙+凤+重环"三个部分组成，"龙"和"凤"反映了中国文化的哲思与内核，代表了阴与阳的和谐。运用了线雕和透雕的雕刻技法，构图完美和谐、主次分明，给人以美的享受。

　　此外，还对博物院中明星文物，做了其他产品尝试。

南越王博物院万岁文字瓦当　　南越王博物院虎节

博物馆系列——南越王博物院透雕龙凤纹重环玉佩

　　粤剧(Cantonese Opera)，又称广府戏、广东大戏，是广东及广西粤方言区最大的剧种。发源于佛山，以粤方言演唱，是汉族传统戏曲之一、非物质文化遗产代表作。粤剧形成于广东，后传入广西、香港、澳门、台湾，在东南亚和美洲各国有华侨居住的地方均有粤剧演出。

粤剧文创系列——公主驸马

羊城通与广州长隆联名发售的长隆毛绒一卡通是全国首创。交通卡何必只是"交通卡"。

这是一个可爱的毛绒挂饰，还是一个有温度、有手感的毛绒，更是一张通行全国300多个城市的公交卡。

长隆动物系列——毛绒卡

智能穿戴产品——指环

公交文创立足公交而诞生，形成贴近生活的文创产品，产品既饱含趣味性又不失实用性。广州公交集团后续将根据不同的场景，开发更多产品，致力于弘扬公交文化、广府文化。

第六篇

勇担社会责任

第二十一章 全面完成公交电动化

第一节 工作背景

2017年,党的十九大报告指出,要坚决打好防范化解重大风险、精准脱贫、污染防治的攻坚战。与此同时,国家将污染防治攻坚战列为重要工作之一,而"蓝天保卫战"则是污染防治攻坚战的重中之重。广州市高度重视国家战略部署,积极推进大气污染防治工作。2017年8月,广州市政府提出要在2018年基本完成、2019年全面完成公交电动化,拉开了广州市公交电动化工作的序幕。2017年8月,广州公交集团组建筹备组印发公交电动化推广实施方案,明确自2017年起,新增及更新的公交车原则上100%推广使用纯电动车,按照公交车总数的10%保留常规燃料应急运力,2019年底全面实现公交电动化。2017年12月,原广州市交通委员会印发广州市推进公交电动化工作方案,明确工作目标和措施,随后在2018年1月下达工作任务。2018年4月,广州市政府作出加快完成公交电动化的决定,要求力争在2018年底前实现全市1万辆纯电动公交车上路行驶的目标,为大气质量明显改善、决战广州"蓝天保卫战"贡献力量。

2020年6月,广州市交通运输局印发《关于印发加快推进交通运输领域公交出租车辆纯电动化推广应用工作方案的通知》(穗交运〔2020〕194号),明确2023年6月底前全面完成市中心区公交纯电动化,即在2023年上半年全面淘汰市中心区非纯电动公交车(原计划保留的插电混合动力新能源车辆和作为应急运力的常规燃料车辆,不含无轨电车)。2023年1月,广州市交通运输局印发《关于在2023年上半年前全面完成市中心区公交纯电动化的通知》(穗交运函〔2023〕16号),要求制定倒排工作计划,确保在2023年6月30日前全面实现公交纯电动化。

第二节　工作成果

2017年至2018年12月底,广州公交集团累计更新(新增)投放8045辆纯电动公交车(其中,2018年投入6297辆),累计建成充电站138个(其中,2018年建成93个)、充电桩4106个(其中,2018年建成2824个),桩车比达到1∶1.98,投产充电总功率43.5万千瓦(其中,2018年投产33.89万千瓦),提前完成广州市委、市政府下达的公交电动化工作任务,成为当时国内纯电动公交车使用规模最大的公交企业。

2020年至2023年6月30日,广州公交集团在广州市中心区累计将1506辆非纯电动公交车退出营运,同时更新(新增)投放1508辆纯电动公交车,如期完成公交纯电动化工作任务。

第三节　工作举措及成效

广州公交集团于2017年7月筹备组建,次月便接到广州市政府下达的公交电动化工作任务。集团组建之初,面临组织架构、规章制度、资本结构、信息化系统等尚未统一完善及企业资金周转压力大、配套充电桩建设用地严重不足、纯电动公交车维保体系有待优化等一系列不利因素。面对重重困难,广州公交集团积极展现国有企业应有的责任担当和"坚忍不拔、敢为人先"的精神,在广州市委、市政府及有关管理部门的大力支持和集团

6万多职工的不懈努力下,砥砺奋进、攻坚克难,提前圆满完成了工作任务,为广州市以至全国打赢"蓝天保卫战"贡献了应有的力量。

一、依法依规采购多种品牌车型,分散车辆技术安全风险

广州公交集团依法依规开展纯电动车辆采购工作,其间通过公开招标的方式累计采购各种车型的车辆8000多辆,包括广汽比亚迪、湖南中车、郑州宇通、南京金龙、厦门金龙、北汽福田和厦门金旅等多个品牌。车辆品牌的适当多样化,有利于分散车辆的技术安全风险,同时促进了各客车厂的良性竞争,使企业能采购到性价比更高的车辆。

二、借助政策筹集项目资金,提供坚实的资金保障

广州公交集团公交电动化项目投资总额较大,除广州市人民政府国有资产监督管理委员会拨付一部分公交电动化资本金外,剩余大部分的资金缺口需由企业自筹解决。面对集团组建筹备期间资本结构不完善、主营业务现金流周转压力巨大等多重困难,广州公交集团充分借助花都区建立金融改革创新试验区的贴息政策,联合采购车辆相关中标人,与多家银行和租赁公司商谈通过项目融资、发行绿色债券等措施筹措项目资金,为公交电动化项目的顺利实施提供了坚实的资金保障。

三、多措并举创新推进充电桩建设,奠定充电设施基础保障

广州公交集团在推进公交电动化的过程中,配套充电桩的建设面临建设用地紧张、用电容量不足和供电业务扩展施工审批困难等一系列挑战。对此,广州公交集团积极探索,创新采用多种建设模式,在落实自身充电保障的基础上,带动全市充电设施建设工作取得突破进展,为全市公交电动化工作奠定了坚实的基础。

1. 积极探索多元化的建设模式,各种资源齐发力

广州公交集团充分发挥内外力量,在自主投资建设和采购社会第三方充电服务的基础上,积极主动与广州市供电局洽谈,促成双方合资成立专业化的项目公司。通过调动国有、民营和私人的土地、资金、资源和建设力量,打造多元化的充电桩建设和运营模式,有效解决了建设用地紧张、用电容量不足等突出问题。

2. 大力建设公交立体充电停车场和路边充电桩,实现资源效能最大化

一方面,通过"融资+EPC（设计、施工一体化招标）"模式,大力推进公交立体充电停车场建设,除满足停车、充电、维修保养和出租车服务等功能外,还配套建设了消防站、变电站、环卫用房等公用设施,把公交停车场建设成为服务城市和市民的公共设施综合体。另一方面,借助公交优先政策,充分利用符合条件的城市道路建设路边充电桩,公交车辆在夜间 12:00 至次日早上 6:00 时段就近充电。

3. 创新采用箱式变压装置供电及环网接入,缩短充电站建设周期

常规的电房建设没有用地,申请建设需要公示,耗时长且审批存在不确定性。对此,广州公交集团创新工作思路,在广州供电局的大力支持下,采用箱式变压器和箱式开关房供电及环网接入,大大缩短了充电站建设周期。

4. 建设"如约充电"服务平台,实现充电管理一体化和智能化

为有效解决市场上的充电运营平台普遍存在的"品牌多、协议杂、功能单一、迭代慢、运维薄弱"的问题,广州公交集团自主开发建设了"如约充电"服务平台,有效实现了充电管理的一体化和智能化,也打造了从"公交优先"到"全面开放"再到"全生态服务"三步走的战略模式。

四、内调外协推动车辆生产、办税和上牌,确保车辆顺利投放

1.强化内部统筹管理,倒排计划和督办落实

为确保按照规定的时间节点实现车辆的投产,广州公交集团以"周"为单位倒排新车上牌、办证和投产各环节的实施时间,并以"天"为单位督办落实情况,确保各项工作按照进度安排顺利推进。

2.协调有关企业和部门,加快各环节进程

考虑到大批量车辆集中到货和投产,为实现车辆投放工作安全、平稳、有序,一方面,安排专人驻厂学习和监造,分别前往广汽比亚迪从化厂和汕尾厂跟踪车辆生产制造过程;另一方面,积极主动与交通、公安、工信和税务等部门沟通协调,尤其是在公安部门的大力支持下,建设内部的新车外检查验场,开设专场直接对新车验车上牌,用约4个月的时间完成了6000多辆新车的查验及上牌工作。

五、以公交电动化工作为契机,全面提升企业形象

(一)升级纯电动公交车配置,提升乘客服务体验

1.配置一键逃生安全窗

在紧急情况下,通过"一键启动"方式自动或手动开启车辆乘客门、应急窗,并发出警示信号,大大提高了突发事件发生时车厢的安全性能,这在全国也是首次应用。

2.配置高清综合信息屏

在车厢和前门左侧安装液晶高清综合信息屏,可远程对全车电子路牌显示内容进行发布、管理,不仅可以为乘客(尤其是听障人士)提供清晰的乘车指引,还能发布其他各类多媒体信息。

3.配置安全驾驶辅助系统

该系统具备静态安全防护、驾驶员驾驶行为识别(预防疲劳驾驶)、高

级驾驶辅助(如车道偏离、行人碰撞预警、车距检测与预警)等功能,可有效提高车辆的安全性能。

4.配置自助售卖机

可为乘客提供雨伞、饮料、食物、应急药品等服务,提高出行便利性,并可利用云端完成售卖机的管理工作,机器端支持远程升级和本地触摸操作。

5.改造车厢风槽空调出风口

设置推拉开关,乘客不再"喊冷"。改造车厢空调出风口为带式风槽,朝向车顶,出风更柔顺,并在出风口设置推拉开关,乘客可利用此开关按照温度需求自主控制空调出风量,大大提高乘坐舒适度(以往公交车内空调出风口固定对着乘客头部和肩膀且没有开关,空调长期对着乘客吹易引起不适)。

6.配置人脸抓拍摄像机

联合公安机关,在部分纯电动公交车上试装人脸抓拍摄像机,可以与公安机关的人脸数据库进行对接,并能按要求将比对数据传输到政府、企业的相关监控平台。

7.配置车厢充电接口

在仪表台设电源总开关,免费为乘客提供手机充电服务。

(二)打造广州公交站场文化圈,提升公交服务品质

广州公交集团利用纯电动公交车在降低噪声和减少排放等方面的优势,对现有公交站场进行升级改造,在珠江新城、东山龟岗等公交站内试点建成休闲文化咖啡图书馆、综合便利店和生鲜零售门店,打造了集出行、购物、休闲为一体的BusBox公共交通综合服务体,赋予城市公交新动能、新活力,推动城市公交更好融入城市生活,打造广州公交站场文化圈。

(三)涂装特色化车辆外观,打造流动的"城市名片"

广州公交集团纯电动公交车采用"西关花窗"新涂装,融汇广州传统文化,展现"木棉红",成为城市新的流动风景线,在《财富》论坛、世界航线大会、广交会等全球性会议和活动以及白云机场枢纽摆渡等工作中大显身手,让市民和国际友人感受到广州创新、活力、国际化的魅力城市形象。

第四节 工作展望

2017—2018年,广州公交集团大批量更新(新增)投放了8000多辆纯电动公交车,截至2023年即将折旧完毕,面临新一轮大规模更新购置车辆,若集中一次性购置,将面临较大的资金压力。为缓解资金压力并有效节约成本,广州公交集团着手研究和提前部署延长纯电动车8年使用期,重点做好"三电"系统的维保,同时结合公交客流变化和市民搭乘公交出行的新需求,提前研究车型需求,重点往小型化、智能化和适老化等方向转变。

第二十二章　探索氢能源公交

第一节　项目背景

氢被视为未来的重要能源,全球主要发达国家均已开始积极部署发展氢能源及燃料电池汽车产业。我国也高度重视氢燃料电池汽车产业的发展,2018年,国家能源局正式批复广州开发区(黄埔区)建设新能源综合利用示范区,氢能利用是示范区建设的重要内容之一;同年,广东省发展和改革委员会明确广州开发区(黄埔区)为广东省氢燃料电池汽车商业运营示范区;2019年5月16日,时任广州市委书记在《广州市发展改革委关于广州市氢能产业发展情况的报告》上批示:"黄埔区要着力抓好示范区建设,关键要见成效。"

经2019年12月11日黄埔区政府、广州开发区管委会常务会议审定同意,广州公交集团新购置15台10.5米氢燃料电池公交车投放到388路公交线路,作为广州开发区(黄埔区)氢燃料电池公交运营示范项目,示范运营期8年,并配套建设燃料电池公交车维保车间,由区财政给予相应扶持。

第二节　项目研究应用情况

一、车辆安全技术研究

在氢燃料电池公交车中,氢燃料电池发动机系统为整车提供动力,在使用过程中各电器元件与整车控制系统相连,从而实现对发电系统的控制。388路公交线路的运营单位原第三公共汽车有限公司通过制定《氢燃料电池电动车安全使用与操作规范》和《氢燃料电池电动车安全总则及保护措施》等制度,规范车辆的使用要求,确保车辆使用安全。通过监控中心后台监控车辆运行情况,分析氢燃料公交车能耗、动力电池全生命周期、各大总成部件故障等情况,在保障氢燃料电池公交车应用安全底线的基础上积累使用经验,最终形成以公交企业为主体、市场为导向,产学研深度融合的技术创新体系。

二、车辆维护保养技术研究

依托广州氢燃料电池汽车产业的先发优势,积极推动公交企业与车辆生产企业的衔接,在广州开发区按照现行《氢气使用安全技术规程》(GB 4962)、《爆炸危险环境电力装置设计规范》(GB 50058)标准配套建设燃料电池公交车维保车间,制定了《广州公交集团第三公共汽车有限公司氢能源车辆维修车间安全管理规定》和《广州市公共交通集团第三公共汽车有限公司氢燃料电池公交车辆维护作业规范(暂行)》,为氢燃料电池公交在其他城市的应用提供管理经验借鉴。

三、车辆动力系统安全性研究

氢气是一种无色、无臭、无味、无毒的气体,但氢气可以置换空气中的氧,进而引起人的窒息,并且无明显征兆。因此,结合车辆日常保养检修作业,对氢燃料车辆动力系统的安全部件使用周期进行研究,促进零部件生产企业对新材料、新技术的研发。

四、取得的效益

(一)经济效益

车辆投产后,百公里耗氢量为 5.20 千克。受氢燃料市场价格较高的影响(每千克 65 元,补贴后为每千克 35 元),相对于纯电动车型,经济效益较差。

(二)社会效益

15 台车辆加注的氢气累计替代传统液化天然气燃料 744 吨,折合 1307.36 吨标准煤,每年可减少二氧化碳排放 15.03 吨、甲烷排放 14.93 吨 CO_2 当量。

氢燃料电池车为新兴产业,国内仅在几座有条件的城市进行公交领域试点应用。因此,开展氢燃料电池公交车及其示范线的应用,总结氢燃料电池节能降耗策略和公交营运管理策略,可为氢燃料电池公交车进一步推广提供经验,有效推进广州开发区氢燃料电池汽车产业链的发展,并对广州市乃至国内其他城市后续推广氢燃料电池公交车的应用积累养用管理经验。

第三节　未来发展前景

一、广州市能源现状

广州属于典型的能源输入型地区,化石能源主要依靠外地调入和进口,本地可利用能源资源主要为水能、太阳能和生物质能等可再生能源。

从终端能源消费结构来看,广州终端能源消费主要是油品和电力。按应用领域来分,交通领域占比最大。广州本地所产电力仅占电力消费量约三成,电力消费中来自外地电力调入的比重持续增加。总体来说,广州能源发展较好地满足了经济社会发展需求,但仍存在不少问题:如化石能源比重仍然较高,新能源、可再生能源尚未形成规模化应用;本地电力自给率偏低,且电源分布不均,中西部负荷中心缺乏支撑电源,电网局部供电能力不足;天然气尚未形成多路气源保障格局,全域互联互通的输配体系尚待完善,推广应用价格偏高等。

二、氢能优势

氢可通过更低碳、更多样化的方式生产,使用过程中不排放大气污染物和温室气体,可替代传统燃料应用在交通、电力、热力等领域。氢能是应对能源危机和环境污染、促进能源转型升级的重要突破口,对相关领域的新材料研制、先进装备制造业发展等形成科技引领、产业集聚效应。发展氢能对重构低碳产业体系、应对环境挑战、推动能源革命、保障能源安全等具有重大战略意义。

三、氢燃料电池可持续发展

以现时在用的 15 台 NJL6100FCEV 开沃氢燃料公交车为例,氢气储能布局是 6×140 升的气瓶,燃料电池系统额定功率是 48 千瓦。通过媒体获悉,2022 年燃料电池系统额定功率已达到 92 千瓦,续航能力达到 400~500 公里,通过装备高功率的燃料电池,将进一步提升车辆续航能力和压缩百公里燃耗成本,取得较好的经济效益,因此,氢燃料电池具有较好的可持续发展潜力。

第二十三章　助力打赢疫情阻击战

2020年春,新冠疫情暴发。广州公交集团闻令而动,坚决贯彻落实习近平总书记关于疫情防控工作的重要指示批示精神,严格按照广州市委、市政府及市防疫指挥部工作要求,坚持把本行业、本单位"快、严、实、硬"措施落细落实落具体,为广大市民群众出行保驾护航。同时,利用企业自身优势积极为管控区提供各类交通服务及物资保障,充分展现了国企责任担当,贡献了国企力量,助力打赢了疫情阻击战。

第一节　从严从实从细抓好防控工作

一、聚焦"党员先锋",展现国企担当

广州公交集团领导班子高度重视,将疫情防控工作作为常态化重点工作抓严抓实抓落地,多次在关键节点组织召开会议,及时将国家、省、市及交通主管部门关于疫情防控工作的指示精神传达至属下各单位、部门,及时针对重点时期的疫情防控工作进行部署。

2021年广州本土疫情期间,广州公交集团党委在封闭封控区域成立多个临时党支部,并组织集团党委委员进驻街道党工委协助开展工作。组建多支"红动羊城"党员志愿服务队,成立"战疫先锋队"和"党员突击队",号召党员干部坚守疫情防控一线或下沉社区开展防疫服务,让广州公交精神

在防控战线上熠熠生辉。

2022年广州本土疫情期间,广州公交集团党委做好"组团式"支援抗疫工作,迅速集结"党员突击队"进驻封控、管控街道,动员全体干部职工下沉到居住地社区共同支援疫情防控,持续奋战21天。协助封控管控社区完成核酸检测,开展上门"扫楼"及电话流调,为居民派送生活物资,以实际行动筑牢联防联控、群防群治的严密防线。

二、紧抓公共交通防疫工作重点,坚决保障广大乘客出行健康

(一)坚持严把车辆消毒通风关

针对公交车辆,重点把好车厢地板、扶手、座椅等乘客频繁接触部位清洁消毒关,做好消毒记录;落实车辆到总站开窗通风,同时加强车辆空调隔尘网的清洗消毒,确保空调系统正常运作及车厢通风顺畅,切实降低疫情传播风险。

(二)坚持严把人员测温及佩戴口罩关

一是强化员工培训,确保员工百分百知晓发热及"健康码"异常乘客处置流程,规范做好异常乘客处置工作。二是严格落实公交乘客乘车前必测体温、必查验健康码、必戴口罩。三是在公交车内配备一定数量的备用口罩,以便提供给忘记佩戴口罩的乘客使用,确保无口罩不上车。

(三)坚持严把公交亮码乘车关

根据防控通告有关搭乘公共交通工具须亮码的要求,广州公交集团迅速组织召开专题会议,传达布置公交乘车亮码工作,当晚即在集团属下公交车辆、公交站点和BRT站台显眼位置张贴乘车亮码温馨提示,并在工作日早晚高峰组织志愿者前往东风路、广州大道、机场路、环市路、黄埔大道和天河路等主干道易拥堵的公交站点,协助做好亮码和现场秩序引导工作。随着公交验码乘车要求的长期执行,广州公交集团强化日常检查督

导,确保措施落实到位。

三、坚持服务好疫情防控大局

一方面,根据疫情发展和行业主管部门要求,采取飞站、绕行、截短等措施调整涉疫区域公交站点和线路的运营。另一方面,全力配合做好流调协查工作,结合本土疫情期间上级对流调工作提出的更高要求,由集团分管领导召开专项保障工作会议,保障视频监控设备高完好率,确保视频保存时长符合要求;建立24小时值班应急机制,保证能随时响应流调需求,确保流调视频闭环送达。

四、依托智慧交通,加速科学战疫

为解决老年人、学生等不方便使用智能手机的人群"亮码"乘车问题,广州公交集团主动担当作为,在市交通运输局的大力支持下,通过属下广州羊城通有限公司"羊城通卡"与"健康码"数据对接,先后实现了持老年人优待卡、学生卡、残疾人卡的乘客搭乘广州市公交(水巴)刷卡同步自动核验健康码,较好地解决了老年人、学生、残疾人等人群"亮码"乘车的困难,确保了市民正常的公交出行服务。

五、担当作为,防控一线冲锋向前

(一)转运"特殊"人员,守护一方平安

一方面,守护国门安全。坚持做好机场等口岸入境人员转运工作,自2020年1月25日起,广州公交集团陆续接到各级政府部门有关协助做好机场等口岸入境人员转运的任务,成立"疫情防控应急运输团队",安排车辆前往白云机场等口岸,将入境人员运送至指定的隔离点。另一方面,坚持做好广州本土重点人群转运工作,自2021年广州本土疫情开始,积极响应各区政府要求,安排车辆协助转运疑似、密接、解除隔离等重点人员。

(二)服务医护人员出行

广州公交集团常态化做好医务等工作人员的出行保障服务。一方面,做好各区医务及工作人员的通勤保障。自2021年5月26日起,安排车辆运送人员。另一方面,做好支援广州市第八人民医院医务人员的通勤保障,自2021年5月26日起,安排车辆运送人员。

(三)配合推动疫苗接种

一方面,秉持"应接尽接"原则,积极开展新冠肺炎疫苗接种宣传,动员广大符合条件的员工开展加强针接种工作。另一方面,全力配合疫苗接种工作,自2021年5月3日起启用首台标准化改造流动接种车。

第二节 发挥交通主业优势,展现国企担当

通过一系列疫情防控硬核措施,广州公交集团确保了属下公交线路无一因员工感染而停运停驶、无一乘客因为乘坐公共交通工具而被感染。面对疫情,广州公交集团全力支持和配合广东省、广州市政府防疫工作部署,充分发挥自身运输主业优势,承担疫情防控驰援任务和管控区域的人员转运、爱心专车、物资保障配送等服务。

一、千里赴鄂,支援检测试剂和援鄂医护人员运送任务

2020年武汉疫情吃紧阶段,广州公交集团积极承担上级紧急任务,组织运载试剂的冷链运输车驰援武汉,为防控疫情工作提供了重要物资支撑。同年3月武汉疫情得到纾解后,又出动大巴和组织驾乘人员,分批将广东援鄂医疗队成员送返全省21个地级市。

二、紧急驰援深圳及香港抗疫工作

2020年,为支援深圳建设应急医院,广州公交集团组织大件运输车辆

奔袭 1600 公里,圆满完成将 27 个模块化建筑箱体由江苏泰州运送到深圳的运输任务。其后随着香港疫情暴发,广州公交集团又承担了香港竹篙湾检疫营舍建设运输保障工作,组织应急运力,将模块化建筑箱体顺利送达,为香港抗击疫情提供有力支持。

三、助力解决本土疫情管控区内物资难题

在 2021 年广州市荔湾区芳村本土疫情期间,广州公交集团深入抗疫前线,把"大篷车"和"公交超市"驶进封控区域,同时依托属下广州羊城通有限公司"穗康生活"平台,打好线上线下的"组合出拳",更精准做好封控区域居民生活物资保障供应,切实解决居民的实际生活难题。

四、提供坚实保障,服务管控区内特殊人群出行

2020 年,广州公交集团抽调车辆为一线医护人员及疑似患者提供义载接送服务。2021 年、2022 年本土疫情期间,在管控区内开通"爱心车队",组织车辆 24 小时为孕妇等特殊人群服务。此外,在 2021 年芳村疫情期间,在管控区域内开行"如约就医"线路,及时接载病患就医。

五、护航高考学子,首创推出"暖心送考"

按照"一切围绕以考生为中心来开展各项工作"的要求,2021 年高考期间,广州公交集团组织由驾驶员及后勤保障人员组成的"疫情管控区域高考考生交通保障爱心服务车队",保障管控区域考生的高考接送工作,为考生提供点对点接送服务。

六、全力做好重要展会疫情防控工作

第 130 届中国进出口商品交易会(简称"广交会")是自全球暴发新冠疫情以来,首次以"线上线下融合"形式举办的展会。广州公交集团作为广

交会接待保障组成员单位,承担开幕式暨首届珠江国际论坛嘉宾交通保障任务。疫情防控是第 130 届广交会运输保障重中之重的任务,特别是开幕式暨珠江国际论坛活动,更须实施"闭环管理"。对此,广州公交集团高度重视,专门研究梳理卫生防疫部门工作指引,结合实际分级分类落实防控措施。一是对参与重点活动保障的人员进行全程疫苗接种情况筛查,落实定期核酸检测、每日健康申报,对车辆开展单趟消毒、配备防疫物资,根据"闭环管理"要求,不断调整"集中居住"人员名单并及时办理进出酒店、展馆的工作证件。二是对进入展馆的交通工具落实每天不少于 2 次消毒,对人员落实 48 小时核酸检测、"一人一档"健康管理。三是对途经展馆的公交线路落实满载率控制,增加免洗洗手液,采取员工外出管控措施。四是对市内公交和出租车,按照广州市新型冠状病毒肺炎疫情防控指挥部提档升级要求落实测温、亮码、消毒、必要防疫物资配备及个人防护措施,确保了第 130 届广交会开幕式暨首届珠江国际论坛嘉宾的交通保障任务平稳有序。

七、临危受命,担当 2022 年海珠本土疫情转运重任

一是为迅速实现康鹭片区阳性人员转运清零、密接人员应隔尽隔,根据广州市疫情防控指挥部办公室的要求,临危受命,充分发挥公交载运量大的优势,迅速组织运力,在原有转运密接人员任务基础上,增加转运阳性人员任务。在没有经验可以借鉴、未有明确操作指引可遵照的情况下,组织属下巴士集团快速响应,迅速集结运力,遴选培训驾驶员,以最快速度组建专班,投入"转阳"任务。

二是转运密接任务有条不紊、不断不乱。组织巴士集团同步组建密接隔离转运专班,确保转运密接和转运阳性人员双轨并进,筹集常备运力,有序推进转运密接人员工作。此外,指导广州南汽车客运站配合行业主管部门开展前往外市隔离人员的转运工作,接纳转运车辆,圆满完成解除隔离

人员疏运任务。

三是响应校园防疫需求,做广大学子"护航人"。为保障海珠管控区内成人高考各考场正常运作,组织各公交单位开行海珠区内考点公交保障接驳专线。此外,在疫情防控最吃紧的阶段,组织车辆前往中山大学等十多所院校,运送学子平安返家。

第二十四章　助推粤港澳大湾区建设

第一节　工作背景

2015年9月,国家发展和改革委员会发布《关于在部分区域系统推进全面创新改革试验的总体方案》,其中广东被列入省级行政区之中,着眼于深化粤港澳创新合作。2017年7月1日,在国家主席习近平见证下,时任香港特别行政区行政长官林郑月娥、澳门特别行政区行政长官崔世安、国家发展和改革委员会主任何立峰、广东省省长马兴瑞在香港共同签署了《深化粤港澳合作　推进大湾区建设框架协议》。2018年3月7日,习近平总书记在参加广东代表团审议时指出,要抓住建设粤港澳大湾区重大机遇,携手港澳加快推进相关工作,打造国际一流湾区和世界级城市群。

2018年10月,广州公交集团贯彻落实2018年8月15日国家粤港澳大湾区建设领导小组全体会议、8月19日广东省推进粤港澳大湾区建设领导小组全体会议精神及8月21日时任广州市委书记张硕辅在广州市委常委会上关于"全面加强机关党的政治建设,全力推进粤港澳大湾区建设"的指示精神,以南沙区为切入点,组织研究实施"提升南沙公共交通服务水平助力打造粤港澳大湾区门户枢纽"专项工作,自此拉开了广州公交集团助推粤港澳大湾区建设工作的序幕,推动了系列工作的开展。

第二节　助力将南沙打造成为粤港澳大湾区门户枢纽

一、工作思路和目标

南沙区地理位置特殊,是粤港澳大湾区的几何中心。对此,广州公交集团按照"互联互通、普惠服务、分步推进、合作共赢"的工作思路,致力于通过提升南沙区内城市公交服务水平、区外对外公共交通联通能力,逐步构建以南沙为中心、辐射珠三角城市群的"层次分明、功能明确、快速高效"的公共交通线网,并通过完善南沙区公共交通线网,引领城市发展,提升南沙的城市竞争力,构建粤港澳生活、经济圈,确立和巩固南沙在粤港澳大湾区的核心地位。

二、工作措施和落地情况

针对南沙作为粤港澳大湾区高水平对外开放门户枢纽的定位,广州公交集团结合南沙区交通规划和集团经营发展实际情况,研究制定《广州公交集团关于提升南沙公共交通服务水平助力打造粤港澳大湾区门户枢纽的工作方案》,并由时任集团党委书记、董事长带队,与南沙区委、区政府就工作方案进行了充分的沟通,有效推动了方案的组织实施。

(一)开行联通粤港澳大湾区其他地市的定制商务巴士线路

一方面,与邻近南沙的佛山等城市属地公交企业合作,开通南沙至佛山、东莞、中山和珠海等地的定制商务巴士线路,提高南沙对珠三角地区的辐射能力。先后开通运营南沙至佛山顺德、佛山南海、东莞虎门和中山市区等定制商务巴士线路和公交快线。

另一方面,与香港、澳门巴士企业合作实施联程联运,开通南沙至珠海、深圳口岸的直通车,实现南沙与香港、澳门的连接,打通南沙与香港、澳门陆上通道,并与广州港游轮、南沙公交及广深港高铁衔接,打造南沙至香港、澳门的全方位水陆交通体系。先后开通运营南沙至深圳宝安、南沙至深圳湾、南沙至前海湾和南沙至珠海口岸等定制商务巴士线路。

(二)开行南沙联接广州交通枢纽站的公交快线

强化南沙与广州交通枢纽的联接,进一步完善南沙与各大交通枢纽的公交线网,打通南沙与粤港澳、内陆城市的对外互联互通能力。开通了南沙至广州南站的公交快线,并持续与南沙区交通运输局沟通协调,推动开行南沙至广州白云国际机场、广州火车站和新塘站的公交快线。

(三)开行南沙区与广州市中心城区的公交快线

强化南沙与广州市中心城区的联系,缩短通达时间,先后开通了蕉门至天河公交场、蕉门至芳村西塱和蕉门至广仁路等公交快线,实现了南沙与天河、海珠、越秀和荔湾(芳村)等广州市中心区的快速连接。

三、取得的工作成效及发展愿景

一是提升了南沙对珠三角其他城市的交通辐射能力和对口岸、高铁站等交通枢纽的连接能力,逐步打造南沙区"公交+轨道+水上"的综合交通体系,助力粤港澳大湾区建设,强化南沙在粤港澳大湾区的核心地位。

二是贯彻落实国家"供给侧结构性改革"和"互联网+交通"发展战略,创新客运服务方式和组织模式,着力提升公共交通服务品质。

三是按照"普惠服务"的原则,以"商务定制巴士"和"快线"的运营模式强化南沙区对外互联互通,满足广大人民群众的出行需求,并由政府给予企业适当的财政补贴,实现群众、政府和企业"三赢"。

第三节　构建以广州为中心的粤港澳大湾区城际公共交通线网

通过城际客运班线公交化改造、发展城际商务定制巴士和开通城际公交等模式，逐步构建以广州为中心、向周边地市辐射的粤港澳大湾区城际公共交通线网。

一、构建快巴、城巴和公交三级运输网络，为"广佛同城"建设发展提供保障

2019年，在广州公交集团指导下，原第二公共汽车有限公司制定调整和新开佛山进入广州的公交线路方案，报佛山和广州两地交通主管部门审批，并与主管部门沟通完善清远至花都和佛山至花都的市际公交快线开行方案。其中，制定并审批通过的广佛城际客运班线公交化运营线路于2019年7月起实施，有效促进了广佛同城建设发展。

二、推进广清城际公共交通发展，为"广清一体化经济圈"建设提供保障

2019年起，以花都为中心，围绕社区、校区和景区，推进广清城际公共交通发展。与万科地产深入合作，共同推进北部万科城的南交通中心建设，开行北部万科城南交通中心至越秀公园线路；推进清远恒大银湖城、恒大清远足校、恒大金碧天下至广州市区的社区"楼巴"车，开行恒大银湖城至纪念堂线路；推进清远大学城至体育西定制线路；规划清远至花都的城际公交线路；优化调整花68路延长至清远市内的广清产业园，加强广清之间互联互通。

三、以增城区荔城、新塘为中心,推进广州至东莞、惠州城际公交发展,为"广深经济带"建设发展提供保障

计划以增城区新塘为中心,构建覆盖东莞市区、麻涌等地的城际公交线网;以增城区荔城为中心,构建覆盖龙门、石湾等邻近区域的城际公交线网。先后拟定广州至东莞、惠州城际公交线路方案及广州至东莞城际班线公交运营方案,持续与增城区交通主管部门沟通协调,推进落地实施。

第四节　促成粤港澳大湾区公共交通互联互通战略合作

一、工作背景

2019年2月18日,中共中央、国务院印发《粤港澳大湾区发展规划纲要》,并要求各地区各部门结合实际认真贯彻落实。2021年4月25日,广东省"十四五"规划纲要印发,粤港澳大湾区建设首次写入广东省五年规划。此后,广东省、广州市先后出台建设粤港澳大湾区有关政策性文件,拉开了粤港澳大湾区建设的序幕。

二、开展调研

为加快贯彻落实国家、省、市有关建设粤港澳大湾区的精神,2021年3月至8月,广州公交集团组织有关部室和单位,先后走访联系深圳、珠海、东莞、中山、江门、肇庆、惠州等粤港澳大湾区9地市共计10家交通运输代表企业,推动组建粤港澳大湾区交通产业联席会,探讨建立团结一致、抱团发展的新局面,共同助力粤港澳大湾区综合立体交通网建设工作更快、更好开展。

三、签订战略合作协议

在前期走访深圳、珠海、东莞、中山、江门、肇庆、惠州等地市交通运输行业兄弟单位并与其充分研讨的基础上,广州公交集团牵头拟定《粤港澳大湾区公共交通互联互通战略合作协议》,得到各兄弟单位的认可。2022年1月1日,广州公交集团与深圳巴士集团股份有限公司、珠海公共交通运输集团有限公司、佛山市汽车运输集团有限公司、惠州交投巴士有限公司、东莞巴士有限公司、中山市公共交通运输集团有限公司、江门市文旅交通投资集团有限公司、肇庆市公共汽车有限公司、广东顺德汽车运输集团有限公司,本着自愿平等、共建、共治、共享的原则,签订了《粤港澳大湾区公共交通互联互通战略合作协议》,共同推动粤港澳大湾区交通服务高质量发展。

四、成立联席会议

在前期精心筹备下,2022年6月30日,粤港澳大湾区交通产业联席会成立仪式在广州白云国际会议中心隆重举行。广州公交集团与珠海公共交通运输集团有限公司、佛山市汽车运输集团有限公司、肇庆市交通集团有限公司、江门市文旅交通投资集团有限公司、惠州交投巴士有限公司、东莞巴士有限公司、中山市公共交通运输集团有限公司、广东顺德汽车运输集团有限公司代表参加了仪式,共同见证了粤港澳大湾区交通产业联席会成立。新成立的联席会重点开展如下工作:

一是助力粤港澳大湾区互联互通建设,联席会结合粤港澳大湾区城轨、城际地铁和高速公路建设情况,不断完善城市交通枢纽的接驳,构建粤港澳大湾区互联互通、一体化运作的地面交通线网和服务体系。

二是打造粤港澳大湾区交通出行服务大品牌,联席会立足新时期粤港澳大湾区群众多样化和品质化的出行新需求,打造个性化、高品质的"交通+生活"出行服务生态,汇聚交通行业产业资源,共建粤港澳大湾区交通出行服务大品牌。

三是助力企业降本增效。一方面,联席会以市场需求为导向,通过"湾区巴士"拓宽传统企业的经营地域和业务范围,助力企业持续稳定发展;另一方面,通过各单位信息互通、资源共享,更准确地把握行业市场环境的变化,精准施策,降低企业经营成本。

四是推动行业良性发展,通过联席会议的横向交流及与各级管理部门的纵向沟通,统一"湾区巴士"服务体系,净化市场秩序,实现行业健康有序发展,共同推动粤港澳大湾区交通出行服务优化提升。

五、推进工作落地

联席会议成立后,由广州公交集团牵头,协同联席会各成员单位,推动各项工作落地:

一是推进品牌建设,完成联席会品牌标识及"湾区巴士"标志标识设计。

二是建章立制,先后制定《联盟章程》《议事规则》《秘书处管理制度》和《信息交流沟通机制》等规章制度,保障联席会的正常运作。

三是规划"湾区巴士"线网,制定和实施《粤港澳大湾区线网规划方案》,成立粤港澳大湾区线网规划组,研究确定线网规划实施方案,共同构建互联互通的一体化运作的粤港澳大湾区公共交通线网和服务体系。

四是推动形成统一的"湾区巴士"运营服务标准,制定了《一线服务人员工作规范》,研定实施《湾区巴士运营服务规范编制调研提纲》,形成《湾区巴士运营服务规范研究思路报告》。

五是编制粤港澳大湾区交通产业联席会信息季报,通传行业及各成员单位好的做法和先进经验,并共享企业间的资源信息,加强合作交流。

六是积极带头推进粤港澳大湾区互联互通线路(毗邻市编码公交线路)开行。广州公交集团组织属下各有关单位积极与东莞、中山、佛山、惠州、清远等地市相关单位联系,加强与周边地市的互联互通,开通运营往东莞、中山、珠海、佛山、惠州、清远等粤港澳大湾区城市的120多条"湾区巴士"线路。

第二十五章　助力"乡村振兴"

第一节　农村客运班线公交化改造

一、工作背景

2016年10月,交通运输部、国家发展和改革委员会等11部门联合印发《关于稳步推进城乡交通运输一体化提升公共服务水平的指导意见》(交运发〔2016〕184号),其中明确提出,鼓励城市公交线网延伸或客运班线公交化改造。此后,全国各地积极开展农村客运班线公交化改造,为城乡居民提供均等化的公交服务。

二、工作推进情况

广州公交集团组建成立以来,组织属下各公交单位加快推进主城区、外围区和镇村三级运输网络体系建设,重点督促指导原第二公共汽车有限公司提升增城、从化等外围区公交服务能力,加强与属地交通主管部门的沟通,通过车辆小型化、电动化和票价下调(纳入财政补贴体系)等方式,探索实施农村客运班线公交化运营新模式。

从化区完成白水寨线、桃莲线和锦一上罗线等多条农村客运班线的公交化改造,并全线置换纯电动公交车辆,线路票价下调,日均班次增加,较大程度上方便了村民出行。增城区完成 9 条农村客运班线公交化改造，淘汰了原来车辆状况较差的农村客运班车，全区公交线路和公交车辆均有所增加，平均发车间隔缩短，所有镇街和行政村均实现 100% 通客运公交班车。

第二节　农村客运小型化预约

一、项目背景

2018 年 7 月，原广州市交通委员会印发《关于开展农村客运小型化预约试点申报工作的通知》（穗交函〔2018〕1800 号），要求外围五区交通运输主管部门组织各区农村客运企业申报农村客运小型化预约试点，积极探索农村客运个性化出行服务模式创新，先行先试，加快发展适合当地农民群众出行实际的综合运输组织方式。

二、项目参与情况

（一）申报试点

广州公交集团积极参与农村客运小型化预约试点申报，组织属下原第二公共汽车有限公司从化、南沙、番禺和增城四家属地企业进行申报。最终，从化区的广州市从化公共汽车有限公司和南沙区的巴士集团南沙巴士公司通过专家评审，获得了试点资格。

（二）试点情况

试点工作开启后，结合南沙区和从化区发展定位及区属自然村群众的出行习惯和出行规律，利用"互联网+"技术，以"定线运输+预约运输"的方式，推进试点工作有序开展。

1. 从化区

2019年3月,经从化区交通运输局批准,广州市从化公共汽车有限公司开通首条从化地区农村客运小型化预约专线,采取线上+线下售票模式,较好地解决了西宁街市民前往从化汽车客运站地铁口沿路公交线多但不灵活、乘客需耗时长或转乘多才能到达目的地的问题。

2019年5月,在总结前期经验基础上,经从化区交通运输局批准,广州市从化公共汽车有限公司一次性开通从化汽车客运站至楼星村委等20条农村客运小型化预约试点线路,根据村镇实际出行需求,采取定线与预约相结合的运输模式。定线运输线路在8:00至17:00期间固定发班;预约线路可灵活调配,运营时间为每日6:00至22:00,只限从化辖区内行驶,按核定里程计价,村民可通过电话和"如约从化"公众号留言方式在发车前2小时提前预约,广州市从化公共汽车有限公司根据预约线路的长短和路况选择8.5米公交车型或9座商务车型。

2020年6月,广州市从化公共汽车有限公司通过区交通运输局公开招标,将经营状况较好的定线运输线路转为微循环公交线路;此外,为整合资源,将格塘至牛心岭农村客运小型化预约线路与806路常规公交合并。

2. 南沙区

2018年12月,经南沙区交通运输局批准,巴士集团南沙巴士公司在南沙区开通第一条农村客运小型化预约线路,采用常规公交支付模式和定点发班模式,有效解决了横沥镇下横沥水道南岸片区各村落学生上学出行难题。

2019年4月,经南沙区交通运输局批准,开通第二条农村客运小型化预约线路,采用常规公交支付和定点发班模式,满足万顷沙保税区务工人员通勤需求。

两条线路自开通以来,保持稳定运行,但受疫情影响,仍处于培育阶段。

第三节　农村公交客货邮融合服务

一、项目背景

多年来，广州市外围各区三级物流体系中的乡、村级网点普遍存在分散、偏远、物流运输效率低和成本高等问题，而区内常规公交线路则有线网密、班次多、发班准、车厢容量富余等特点。为配合外围区三级物流体系建设，降低农村物流成本，拉动农产品入乡出城，助力乡村振兴，2019年起，原第二公共汽车有限公司以从化区为试点，与广州邮政从化分公司合作，共同探索公交客货邮融合项目，开启将物流包裹交由串联物流集散中心与乡、村网点的公交车进行运输的新尝试。

二、发展历程

（一）2019年

从化区公交客货邮项目正式启动，为验证项目可行性，经与邮政部门、团星村等沟通，选择了途经街口邮政集约点和团星村的从7路公交线路，以"平邮下行运输"的模式试点开通公交客货邮服务，并在此基础上，进一步尝试由街口邮政集约点至团星村的"包裹下行运输"，证明了公交线路在不影响正常运营的过程中运送平邮和包裹的可行性。

（二）2020年

在项目取得初步成效的基础上，经与邮政部门沟通，增加运输条件成熟并途经上罗村邮站、龙岗村邮站的公交线路提供公交客货邮服务，参照前期平邮、包裹下行运输的模式扩大试点范围，并增加上行运输，论证了双向运输的可行性，为项目全面推广打下了坚实的基础。

(三) 2021 年

进一步巩固项目取得的成果,经双方研究决定,在广州市从化公共汽车有限公司运营的区内公交线路深入推广公交客货邮融合服务,以微循环及农村客运小型化线路作为切入点,增加多条公交线路提供公交客货邮服务,进一步扩大了项目覆盖面,并开通荔枝专线,拉动荔枝出城,帮助果农解决产品滞销问题。

(四) 2022—2023 年

在总结荔枝专线运作经验的基础上,开通吕田塘基村蔬果专线,助力农民种植的蔬菜水果出城。至 2023 年,逐步形成了以"干线运输为主、支线运输为辅"的发展模式,较好地起到了降低物流运输成本、提升公交运营收益的效果。

三、运作模式

项目主要分为干线运输和支线运输两种模式。

(一)干线运输

从街口往吕田、棋杆和鳌头片区开通运邮干线,利用公交车辆营运空程实行专车包裹运输,具体操作为:调度公交车辆每天早上按约定时间前往从化区邮政红树湾分拣中心装载邮件,运送至吕田、旗杆和鳌头邮政所交接后,再投入所在的公交线路运营,并于当天晚上车辆执行完毕营运任务后前往吕田、旗杆和鳌头邮政所装载邮件运往红树湾分拣中心。

(二)支线运输

在常规公交线路提供公交客货邮服务,覆盖江埔、城郊、温泉、太平等镇街,具体操作为:在公交车厢内设置一个相对独立的区域作为包裹临时存放区,邮政人员将分拣打包好的邮件总包以一天两次的频率从物流集散中心运往从化汽车站,规范放置在公交车厢指定区域,与车厢内乘客区域有效分隔,随后公交车辆以固定发班的模式运送至沿线各村邮站或代收点。

四、取得成效

一方面,起到了降低物流成本的预期效果,公交线路营运空程被有效利用,公交车辆装载量大、成本低的优势得到有效发挥,较好地替代了邮政车的运输任务,为邮政部门降低了运输成本。另一方面,拉动了农产品出城,开通的荔枝专线、蔬果专线为农户免费提供运输服务,并利用集团资源帮助农户销售滞销农产品,为助力农民致富、促进乡村振兴贡献了公交力量。

五、发展愿景

乡村振兴,产业兴旺是关键。期待未来将从化区公交客货邮项目打造成为精品产业,并逐步推广至其他外围区。一方面,利用客货邮线路将信息化产业引入村镇。另一方面,利用客货邮线路带动农产品出城,形成开放惠民、集约共享、安全高效、双向畅通的农村寄递物流体系,实现乡乡有网点、村村有服务,农产品运得出、消费品进得去,农村寄递物流供给能力和服务质量显著提高,便民惠民寄递服务基本覆盖。

第七篇

讲好公交故事

第二十六章 讲好公交故事

第一节 高效媒体联动,提升社会影响力和美誉度

广州公交集团在为市民出行提供优质公交服务的同时,围绕创新服务、业务拓展等重点工作,不断丰富出行产品和服务,通过与媒体高效联动,精准策划宣传主题,拓展媒体"朋友圈",在更广阔的平台讲好公交故事,传播公交好声音。

一、"一抱救两命"英雄故事,弘扬公交正能量

与媒体建立有效沟通,可以更好地传达企业自身的服务理念、优势及社会责任等信息,从而赢得公众的认可和信任。2021年10月的一天,广州公交集团公交驾驶员张志德在营运途中经过珠江大桥时,遇见一名女子抱起孩子要跳桥,已提前察觉异样的张志德马上停车,一个箭步冲出车外,抱住两人,挽救了两条生命,避免了悲剧的发生。得知这一重要信息,广州公交集团宣传员立即将车载视频和详细情况提供给媒体,此次善举得到了《人民日报》、"央视新闻"栏目和《南方日报》等中央及省市媒体的报道,点赞量超1千万;随后,"公交司机在珠江大桥勇救跳桥母子"的话题火遍全网,讨论量超2.5亿,向社会传递了广州公交正能量。

近年,广州公交集团与社会媒体建立起良好的合作关系,做到企业与

媒体之间信息的实时触达。据不完全统计,2018年至今,广州公交集团各类好人好事正能量报道年均达到2000多篇。同时,通过媒体的传播,各类先进模范事迹感染着广州公交集团的全体干部职工,大家学有榜样,激发比学赶超的奋斗热情,也提升了广州公交的社会影响力和美誉度。

二、"一盅两件"粤陶巴,打造消费新网红

有效维护媒体关系可以帮助企业在竞争激烈的市场中脱颖而出,树立良好的企业形象。结合广州城市魅力与消费热点,广州公交集团积极探索交通与旅游融合发展,在2022年推出"粤陶巴"移动餐厅,创新公交服务模式,多角度提升市民、游客的出行体验。为提升宣传效果,广州公交集团提前做好宣传策划,在"粤陶巴"移动餐厅推出首日邀请大批媒体记者前往"粤陶巴"现场体验,充分利用电视、报纸、新媒体等多渠道全方位传播,让大家亲身体验公交服务的创新举措,《羊城晚报》和《南方日报》等权威主流媒体发布相关报道40余篇,后续央视财经频道还在国庆期间推出了"粤陶巴"的专题报道。为成功打造融合"交通+美食+旅游"的广州消费新网红,广州公交集团邀请电视演员"石榴姐"苑琼丹一并参与拍摄抖音视频,获得了1900余次转发、1.8万次点赞,吸引了市民、游客纷纷前往"粤陶巴"打卡体验。

三、扩大媒体"朋友圈",积极挖掘好新闻

近年来,广州公交集团积极扩大媒体朋友圈,与各级媒体保持良好沟通。2022年通过报纸、电台、电视台和网络等社会媒体发布正面新闻报道约7000篇。在日常工作中,积极配合媒体采访,共同策划宣传主题,凸显了公交服务提升的良好效果,例如与中央广播电视总台、央视网合作推出的"自动驾驶巴士体验"直播、"你从未体验过的公交消费新场景和"'巴士+'创造无限可能"等报道,从沉浸式体验智慧交通的发展成果到跨界融

合"巴士+物流""巴士+美食""巴士+文旅"等新领域,彰显了传统公交在转型升级、创新服务方面的多样化和新亮点。

进入"万物皆媒"的时代,广州公交集团在提升服务、弘扬正能量等方面具有丰富的线索与资源,未来将充分利用好素材、好业务,打造创新发展、温暖人心的公交故事,让公交车成为看得见的风景线和传播城市文明正能量的流动载体。

第二节 建设企业宣传矩阵,传播公交好声音

一、打造立体传播优秀范例

一辆醒目的107路双层公交车在中山路上行驶,代表着环保青春的绿色车身上展示着十张亲切的笑脸,他们正是广州公交集团2022年度十大"公交之星"。在车厢电子屏幕上,正播放着其中一位公交之星——公交驾驶员陈玉婷的故事。作为一名90后女公交驾驶员,陈玉婷用过硬的驾驶技术和细致暖心的服务获得了乘客和公司的一致赞许,成为一颗耀眼的"公交之星"。在体育中心站、中山纪念堂站、海珠广场站等市内繁华路段的十座公交候车亭,市民、游客们也可以与"公交之星"们不期而遇,他们阳光亲切的温暖形象成功拉近了乘客与广州公交的距离。除了线下宣传渠道,广州公交集团在微信公众号、《广州公交》内部出版物上开辟榜样专栏,并拍摄制作短视频,在视频号、抖音号上进行展播,对2022年度十大"公交之星"的事迹进行全方位宣传,营造创先争优的良好氛围,鼓舞激励广大职工当好主人翁,积极投身集团高质量发展新征程。

二、发挥自有全媒体矩阵作用

近年来,广州公交集团从"丰富内涵"与"创新形式"两方面入手,充分

发挥自有全媒体矩阵作用，以更丰富的内容、更生动的形式讲好公交故事。

一方面，在集团公众号及《广州公交》出版物上开辟"公交好人""友爱在车厢""广州出行图鉴"等专栏，以固定版面、专属风格、较大篇幅，着力凸显广州公交服务提升的好经验、好做法。2021年，结合"友爱在车厢"活动开展35周年，广州公交集团公众号发起"友爱故事"征集活动，收到集团员工和市民、乘客的积极投稿，一篇篇饱含真挚情感的文章记录了广州公交集团与市民、乘客的温情故事，一条条情真意切的评论、点赞彰显了公交服务的提升与进步。

另一方面，广州公交集团充分利用短视频传播广的特点，结合"让座日"和"好人好事"等主题，将公交乘车文明礼仪规范以微电影的形式呈现出来，拍摄制作的六集系列微电影《友爱在车厢》，在公交车厢电子屏中滚动播放，以更贴近乘客的视角，向公众传达文明乘车礼仪，共同营造更为舒适的乘车环境，该系列微电影还获得广州地区出版物新闻工作者协会"微电影优秀奖"，宣传效应大大提升。打开思路，突破传统图文模式，通过车厢车载视频视角记录车厢内的暖心瞬间，也是广州公交集团短视频宣传推广的一大特色。充分利用公交车上的车载视频，对焦"有图有真相"的公交故事：公交驾驶员"公主抱"帮助老人上下车，公交车变身救护车争分夺秒救助乘客，路遇车辆失火公交师傅挺身灭火，驾驶员与乘客合力制服小偷……将发生在小小车厢内外的公交故事还原在大众眼前，做到"于无声处细水流"，用最真诚的方式打动万千市民，发出公交"最强音"。

未来，广州公交集团将着力打造企业网站、公众号、视频号、微博、内部出版物"五位一体"宣传渠道，加强内容建设和阵地建设，力求用丰富的内容、生动的形式、创新的手段大力宣传公交服务提升的点点滴滴和方方面面，同时，将宣传员培训和内部出版物编辑轮训相结合，从队伍建设、阵地建设、内容建设等方面采取有针对性的举措，形成"以内为主，向外辐射"的新格局,为不断提升公交出行服务品质、大力推动广州公交高质量发展营造良好氛围,共同谱写新时代新征程的奋斗华章。

第三节　打造公交跨界联动,提升品牌形象

随着社会经济的不断发展,人们出行方式日趋多元化。面对网约车、拼车、自驾等多种出行方式对公交出行带来的巨大冲击,广州公交集团积极拥抱时代之变,探寻"流量"密钥,以跨界联动、品牌联名等方式,借势"出街",力争"破圈",为乘客带来公交出行新体验。

一、牵手热门动漫 IP,打造品牌年轻化形象

2023年4月,广州公交集团推出以《恋与制作人》IP 为设计元素的绿色出行主题公益宣传车。主题车一上线就吸引不少年轻市民的关注,他们纷纷在新浪微博和小红书上发图打卡,掀起一股讨论热潮。

《恋与制作人》是一款面向年轻女性用户的以恋爱为主题的角色扮演游戏,于2017年12月14日首发,上线不到一个月,安装量就已经突破了700万。根据 Gamelook 当时的分析,预测其日活跃用户量超过400万,月流水或超3亿元。2020年,该游戏被改编为同名动画。相关游戏及动画在年轻群体中间有较为广泛的影响力。通过小红书用户发的截图可以看到,此次广州公交集团以《恋与制作人》IP 为设计元素的主题公交深受年轻人欢迎,不少粉丝纷纷相约去打卡主题公交,同时给出"广州公交是懂年轻人的"评价。广州公交集团通过这次活动,吸引了一波关注,进一步打造了品牌年轻化的形象。

二、塑造跨界文化专线,化流量为"留量"

如果将出行选择比作互联网赛道,那么随着参赛选手的增多,品牌逐

步进入存量博弈的内卷时代,而跨界合作成为打破行业壁垒、开拓新市场的利器。近年来,广州公交集团立足公交客流量的变化,联合各类文化场馆、文化机构等,通过开通文化专线、打造主题文化车等方式,精准满足乘客出行需求,提升出行服务体验。

2023年3月,广州公交集团推出一条环绕珠江两岸、连接百年历史的精品文化专线——"英雄花开英雄城"线,途经中共三大会址纪念馆、中共中央机关旧址(春园)、农民运动讲习所旧址、广州起义烈士陵园等红色景点及二沙岛、广州塔等珠江两岸地标建筑。该线路针对乘客需求提供定制的"红堡垒流动课堂"服务,以"听觉+视觉+感觉"的多感官模式,将移动车厢化身为"红色课堂",为参与者提供一堂"上车即学、边走边学"的精品游学课程。线路可安排在双层观光巴士"粤陶巴"上享用丰俭由人的特色茶点;亦可乘坐自动驾驶巴士体验人工智能在公共交通的应用……通过"缅怀过去(参观红色景点)—忆苦思甜(乘坐'粤陶巴')—展望未来(乘坐自动驾驶巴士)",在"文化+美食+旅行"的多个跨界融合场景中,沉浸式感悟英雄广州的革命精神。

联动和联名活动的关键不只在精准营销,还要放眼长期。在品牌联名上,尤其在选择联名伙伴时,要特别看重双方在品牌调性、文化属性、用户人群等方面的相似性。好的联名活动能够转化为短时间内较高的销量和网络讨论度,但品牌打造是长期耕耘的结果。未来,广州公交集团将深入挖掘消费者需求,化"流量"为"留量",探索公交跨界联动新玩法,为市民出行提供更好的服务体验。

第二十七章　传承发扬公交文化

第一节　友爱文化，满载温情传递文明

一、打造"友爱"品牌

20世纪80年代，地处改革开放前沿的广州，市场经济飞速发展，但城市精神文明建设的步伐却滞后于经济建设，公交"乘车难""上车挤"的问题相对突出。1986年，原广州市第一公共汽车公司(现一汽公司)5路线与沿线12个单位联合发起"友爱在车厢"活动，以构建文明车厢为初心，充分利用公交车这一流动的服务窗口，教育和引导公交员工扶老携幼、真诚服务，并号召八方乘客相互礼让、相互帮助，让文明友爱精神内化为城市底色，根植于每个人心底，流露在日常之间。

"友爱在车厢"活动发起后，社会各界300多个单位先后与一汽公司建立了军、警、民、商、学的共建关系，参与"友爱在车厢"活动。广州公交集团组建成立以来，着力擦亮"友爱在车厢"服务品牌，随着活动的辐射效应，"友爱在医院""友爱在学校""友爱在商场"等活动遍及羊城。"友爱在车厢"伴随着羊城群众性精神文明创建实践活动，与时俱进，常创常新，现已发展成广州市精神文明建设的亮丽名片，被评为"广州市社会主义精神文明建设十件大事"和"广州市改革开放十大成就"之一。

二、弘扬友爱正能量

公交作为服务民生出行的公益性行业,是城市经济发展的助力担当,一直以来都得到了广大市民群众关心关注。面对现在全媒体不断发展,公交行业着力提升舆论引导能力,通过"友爱在车厢"活动输出正向信息显得尤为重要。

随着新媒体的发展和市民出行需求的变化,"友爱在车厢"活动也步履不停地紧跟时代创新,广州公交集团利用公交作为优质宣传媒介的特点,打造"涂鸦巴士""广府文化""红棉公交""粤语相声"等一系列主题车厢,在展现城市文化的同时,传递友爱、和谐、文明、包容等社会主旋律。

三、服务文明城市建设

近年来,广州公交集团以营造友爱互助的车厢文化为出发点,不断延伸服务触角、拓展服务渠道、注重服务细节。根据社会实际情况,适时策划、组织和开展各项"友爱"活动。主动与社会主流媒体紧密合作传递行业正能量,让"友爱"的温暖传递到社会各处。

一是活动营造了友爱氛围,拉近了人际关系。公交车是城市文明"流动窗口",是集中反映社会人际关系的"晴雨表"。"友爱在车厢"活动以公交为载体,从公交服务提升、文明礼让行车、车厢文明互助出发,联同社会各界参与文明城市建设,"广州式让座"和"广州式乘车排队"等车厢内友爱互助的场景随处可见,令市民、游客感受到广州这座现代化大都市浓浓的人情味。

二是活动突破的行业界限,以点带面发挥社会联动效应。广州市文明办、广州市交通运输局、共青团广州市委等将"友爱在车厢"活动与城市文明建设、志愿服务活动进行有机结合,还联合各行各业共同参与如"友爱公益巴士""爱在交通公益行""智慧城市公交研学"等不同形式的主题宣传教育实践活动,将安全出行、文明出行、绿色出行理念融入市民生活。

三是营造具有广式邻里情怀的公交文化,着力打造公交领域精神文明高地。自2020年6月起,广州公交集团拓展和延伸"友爱在车厢"品牌内涵,试点开展"这厢有礼"优质服务创建活动,倡导一线车长优化服务用语、增加服务手势,激活"友爱在车厢"服务品牌发展的新引擎、新动力。车长们以"这厢有礼"的服务标准亲切向上车乘客打招呼,营造出温馨的广式传统邻里文化,友爱春风化雨,润泽羊城,吹遍南粤大地。

"友爱在车厢"活动是双向互助友爱活动,友爱之情厚植于心,文明礼让广府记忆。友爱的步伐沿着海上丝绸之路穿越羊城,将岭南文化气质和社会主义核心价值观有力传播,再续幸福广州华彩篇章。

第二节 穗悦同行,奏响公交文化新乐章

一、丰富公交文化内涵,助力服务提升

2018年以来,广州公交集团不断探索将公交出行场景与广州红色文化、传统文化与城市公交文化充分融合创新,为乘客带来更丰富的公交出行体验。通过打造"一车一党史"红色公交,以"家门口的红色校巴"为主题开展党史学习教育体验活动,与沿线单位开展"流动红色文化讲堂"和"送展进学校进社区"等系列共建活动,创新的学习教育载体不仅丰富了公交车的服务功能,也进一步传承和弘扬了红色文化,为市民和游客提供了更深入的学习和体验机会。

2022年,广州公交集团尝试将粤剧与公交相结合,联合粤剧艺术博物馆打造全国首条"粤剧文化主题公交"路线。通过在公交车上展示粤剧表演片段和音乐,乘客可以在公交出行中沉浸式地感受粤剧的艺术之美,有助于推广和传承粤剧文化。2023年,联合艺术名家黄俊英工作室打造全国

首条粤语相声主题公交,通过融合粤语相声与沿线站点特色的解说报站,幽默诙谐地介绍站点的人文风貌,创造了独特的乘车体验,让乘客全方位感受羊城非物质文化的魅力。近年来,广州公交集团相继推出的一系列"博物馆文旅专线""红色音乐公交站台""东园拾光"红色客厅公交主题等宣传展示活动,不断丰富公交文化的内涵与外延,助力公交服务进一步提升。

二、开展公交文化活动,搭建友好桥梁

广州公交集团秉承"服务美好出行,链接幸福生活"的企业使命,致力于为广大市民乘客提供优质、安全、便利的公交服务,通过积极传承优秀文化、推广公交文化,搭建起企业与市民友好沟通的桥梁。广州公交集团与《羊城晚报》合作出版《广州公交文脉》一书,书中带有鲜明的广州印记,是百年以来广州城市建设及公交发展的实物见证,每一个公交故事、每一段发展历程,都彰显着广州这座城市浓郁的公交情怀,见证着乘客与广州公交的不解之缘。

活泼可爱的"童童"和"美美"是广州公交的吉祥物,寓意着充满活力、不断进步的精神。广州公交集团的各种线下活动现场,都可以看到"童童"和"美美"的身影,而以"童童"和"美美"形象为载体开发设计出的一系列文创周边产品,为传播推广公交文化大大助力,布偶、飞盘、拼图、冰箱贴等十多个品类的文创产品一经推出,就获得广大市民的喜爱和认可。未来,广州公交集团还将持续开发设计更多的周边产品,通过线上方式销售,以更贴近年轻人的方式,将企业品牌、公交文化融入产品中,更好地推广公交文化、展现城市形象,反映地道的广州生活与文化。

三、推广公交文化品牌,践行社会责任

从"友爱在车厢"到"这厢有礼",接续传承文明、友爱、和谐的出行新

风尚,营造温馨的广式传统邻里文化;"无论多晚,我们为您守候",夜班公交和"如约专线"用真心真情服务夜归的乘客;"司机大哥"发挥见义勇为、见义智为的力量,弘扬满满的车厢正能量;"红动羊城"流动学堂依托公交服务载体,打造"红棉公交"及主题站场等沉浸式学习场景,助力新时代企业文化和思想道德建设。2023年8月,全新打造的"穗悦同行"企业文化主题公交车穿行在羊城的大街小巷,车上设置文化展示区,展出公交文化相关书籍、艺术品及精美图片;广州公交集团还定期举办"穗悦同行"公交文化体验分享活动,引导广大职工与乘客更加了解广州公交、读懂广州公交。

不忘峥嵘,不负韶华。面向未来,广州公交集团将继续积极打造党建引领下的企业文化体系,以提供优质服务为己任,传递"与员工同行、与乘客同行、与城市同行"的理念,以优秀的文化激发企业高质量发展的内生动力和外部引力,践行国企担当,不断提升公交服务品质,为广大市民提供安全、舒适、便捷的出行体验。

第八篇

写在后面

第二十八章 总结与展望

广州公交集团组建成立以来,为促进广州公交服务提升做了大量的工作,尤其是始终坚持以人为本,践行"共建共治共享"的管理理念,以更好地服务市民群众出行和生活需求及助力建设更美好的城市为出发点和落脚点,全民参与提升公交服务,惠之于民。一是共建,号召市民群众和企业共同创建公交都市。二是共治,积极推动构建政府、企业和市民多方参与、良性互动的公交服务体系。三是共享,通过共建、共治,让政府、企业和市民切身体会到坚持公交优先、共建公交都市所创造的"城市道路更通畅、出行更便捷和天空更美丽"的劳动果实,提升获得感和幸福感。

展望未来,广州公交将坚定不移坚持"人民公交为人民"的服务宗旨,聚焦城市"公转"服务,不断深化供给侧结构性改革,以及时掌握和不断满足市民出行需求为根本方向,提高供给结构对需求变化的适应性,提高资源利用效率,增强服务市民群众和城市发展大局的能力,助力城市经济社会发展。

一、构建更融合的公共交通服务体系

广州公交将积极贯彻落实广州市"建设轨道上的广州"及"中心区以地铁为主、公交为辅,外围区以公交地铁接驳组团式出行"的交通发展战略规划,通过数字化赋能和智能化应用,创新传统公交服务模式,深入加强与轨道交通、非机动车及慢行系统的协同发展,共同构建各种交通方式衔接紧密、高效运转、融合发展的城市立体公共交通服务体系。

二、构建更丰富的公交服务产品体系

"后疫情"时代,广州公交将在保障政府定价的基本公交传统服务基础上,更紧密结合市民群众出行和生活需求,深入推进公交数字化转型应用,赋能公交服务模式创新和业务突破,构建更丰富的公交服务产品体系。

一方面,加强线上平台的运营服务,与学校、医院、企业、社区、商圈和景区等机构广泛合作,推出更多供给更灵活、对接更精准的定制公交、需求响应式公交等特色服务,为各类群体提供更丰富的公交服务产品体系,满足市民群众多样化、个性化出行需求。另一方面,对现有的人、车、站、场、线、桩等传统要素进行深度挖掘,贴合市民生活需求加大综合开发力度,如对公交场站进行 TOD 开发(以公共交通为导向的开发)、建设售卖水果和蔬菜的"便民驿站"等,更大限度地发挥公交资源的优势,更方便市民生活,并提高土地资源的利用效率和效益。

三、构建更安全高效的公交企业

广州公交将始终坚持把安全高效摆在第一位,全面统筹发展和安全。一是完善平安制度体系,建立健全安全管理制度、安全操作规程和营运服务标准化工作手册,使安全操作更规范、更标准。二是完善平安应急体系,建立健全综合应急预案、专项应急预案和现场处置方案,使人人懂安全、个个会应急。三是完善平安培训体系,使人人学安全、懂安全、会安全。四是深入推进智能化建设,深化公交社区、自动排发班和自动驾驶等新技术、新产品、新模式的应用,打造更智能、更人性、更高效的公交服务。

未来,广州公交将在努力推进上述"三个构建"的同时,致力于将多年来积累的公交服务和管理经验形成产品,大胆尝试"走出去",向国内外城市推介应用,力争将广州公交打造成中国公交的"名片",推动实现广州公交转型升级和持续高质量发展!